强党之问

怎样建设长期执政的马克思主义政党

王英梅　周莹◎主编

光明日报出版社

图书在版编目（CIP）数据

强党之问：怎样建设长期执政的马克思主义政党/王英梅，周莹主编. —— 北京：光明日报出版社，2023.1
ISBN 978-7-5194-7073-9

Ⅰ.①强… Ⅱ.①王… ②周… Ⅲ.①中国共产党-党的建设-研究 Ⅳ.① D26

中国版本图书馆 CIP 数据核字（2023）第 015589 号

强党之问：怎样建设长期执政的马克思主义政党
QIANGDANG ZHI WEN：ZENYANG JIANSHE CHANGQI ZHIZHENG DE MAKESI ZHUYI ZHENGDANG

主　　编：王英梅　周　莹	
责任编辑：宋　悦	责任校对：陈晓丹
封面设计：尚刘阳	责任印制：曹　净

出版发行：光明日报出版社
地　　址：北京市西城区永安路106号，100050
电　　话：010-63169890（咨询），010-63131930（邮购）
传　　真：010-63131930
网　　址：http://book.gmw.cn
E – mail：songyue@gmw.cn
法律顾问：北京市兰台律师事务所龚柳方律师
印　　刷：三河市宏图印务有限公司
装　　订：三河市宏图印务有限公司
本书如有破损、缺页、装订错误，请与本社联系调换，电话：010-63131930

开　　本：700×1000	
字　　数：200千字	印　　张：14.5
版　　次：2023年1月第1版	印　　次：2023年1月第1次印刷
书　　号：ISBN 978-7-5194-7073-9	
定　　价：58.00元	

版权所有　翻印必究

主　编：王英梅　周　莹
副主编：尹世红　杨　鸣　孙大乐
参　编：尹恩钟　张海峰　周焱堃
　　　　许清哲

引 言
系统性、整体性和创新性的统一

辩证唯物主义认为,世界上任何事物的发展变化都有其内在的规律性,政党建设也不例外。中国共产党发展史就是一部不断认识党的建设规律,不断提高党的建设科学性、系统性、整体性和创新性的历史,"党的领导是全面的、系统的、整体的,必须全面系统整体加以落实"[①]。

古人云:"辨方位而正则。"中国共产党自诞生以来,已经走过了一百多年奋斗历程。这一百多年,既有生产力飞跃提升、社会剧烈变革、人类文明空前进步,也有战乱频发、山河破碎、人类文明遭受巨大破坏。这一百多年,中国涅槃重生,换了人间。产生这一巨变的根本原因,在于有了中国共产党与时俱进的领导。

一百多年来,中国共产党经历了一个又一个转折点,每次转折都是考试,都是考验,有的甚至付出了血的代价。但我们都能做到逆风飞扬,从绝境中走出来,恰如《孟子·公孙丑下》中所言:"故君子有不战,战必胜矣。"主要原因在于中国共产党人能够始终以马克思主义基本原理为指导,因势利导、顺势而为,正确处理中国和世界的关系,掌握历史发展主动,

---

① 习近平. 高举中国特色社会主义伟大旗帜 为全面建设社会主义现代化强国而团结奋斗——在中国共产党第二十次全国代表大会上的报告 [M]. 北京:人民出版社,2022:64.

科学认识党的建设规律，找到党的正确前进方向，提升党的执政本领。

毛泽东同志把党的建设比喻为"伟大的工程"，习近平同志把党的建设比喻为"新的伟大工程"。党的十八大以来，以习近平同志为核心的党中央，将伟大斗争、伟大工程、伟大事业、伟大梦想作为一个完整体系来阐述，推动了"全面从严治党"的重大理论和实践创新。2022年1月18日，在十九届中央纪委六次全会上，习近平总书记围绕"建设什么样的长期执政的马克思主义政党、怎样建设长期执政的马克思主义政党"的时代课题，用"九个坚持""六个必须"将党的建设自身体系的相互关联和党的建设与党的中心任务及时代大潮的相互关联作用作出了系统总结，从理论上整体推进了"新的伟大工程"，表明中国共产党对于自身建设认识达到了一个新境界，为我们建设世界上最强大的政党提供了根本遵循。

一、系统性

在系统论视野下，党的建设各项工作、各个领域相互牵引，各种要素、各项机制不是相互孤立存在的，而是联动集成、密切互动，牵一发而动全身，任何一个方面、一个环节、一个领域举措的缺失都可能导致最终治理成效大打折扣，靠"零敲碎打调整不行，碎片化修补也不行"，而是要整体发力、综合施策、协同推进，方可有效。"九个坚持""六个必须"，破除为党建而党建的思维困境，把党的建设放到"两个大局"更加宏大的领域中，统筹兼顾、全面谋划，让党的建设视野更开阔，内容更丰富，形成横向贯穿、上下联动、党内外互动的以自我革命推进社会革命的大党建格局，促进党的建设从高压惩治向日常防治转变，"从建章立制向依靠制度治理转变",从组织警示向思想自觉转变,使党的建设理论迈上新的台阶。

二、整体性

整体性原理是系统原理的要点之一。对于系统应首先注重整体,如果仅着眼于部分,即使组成部分都认识了,也不等于认识了系统整体,系统整体不是各组成部分的简单拼盘,而是系统整体涌现的结果。习近平总书记重点强调的"自我革命"的重要命题,就是全面从严治党整体性涌现的生动体现。自我革命是党的建设各个领域、各类要素的综合反映和系统呈现,它不属于全面从严治党哪一项特定领域和环节,不是通过哪几项领域和环节的治理举措简单相加而呈现出的生态显现,也不是机械地采取哪一项举措就可以得到有效治理,它是集中体现党的建设思路、举措与成效的一种内在特质,需要通过系统治理、协同推进,才能取得整体效果和治理合力。正是在这个意义上,习近平总书记提出了自我革命是中国共产党跳出历史周期率的"第二个答案"的重要命题,并指出"全面从严治党是新时代党的自我革命的伟大实践,开辟了百年大党自我革命的新境界"。

三、创新性

创新性是指打破固有的思维模式,从新的角度、以新的方式去思考,得出不一样的并且具有创造性结论的思维模式。重视创新思维是马克思主义的优良传统，马克思、恩格斯特别重视创新。恩格斯指出，"共产主义不是教义，而是运动。它不是从原则出发，而是从事实出发"[①]。习近平总书记指出："理论的生命力在于不断创新，推动马克思主义不断发展是中国共产党人的神圣职责。"[②]"九个坚持""六个必须"为全面从严治党实践注入更多的科学因子，为管党治党理论体系创造出了一些新元素。今天的全面从严治党比以往任何时候都更加繁重紧迫，党的建设所面临的问题也比任何时候都更加尖锐复杂，党的建设在内容与方式上势必作出许多新的调整，而调整过程中的探索与创新，必然要突破一些不适合时代要求的传统观念，触及某些原有规则和习惯做法，要求全党立足新的实际，开阔视野，寻求新途径，探索新方法，在比较思考中丰富解决问题的思路，以更好地认识和运用党的建设规律，把党建设好建设强。

一切事物发展都有其逻辑可循，政党也是如此。从中国共产党的过去，可以解释它的现在，也可以看到它的未来。面向未来，中国共产党将坚定不移地推进自我革命，在世界大潮深刻变化的历史进程中阔步前行，在应对国内外各种风险挑战的历史进程中始终成为中国人民坚定的主心骨，在坚持和发展中国特色社会主义的历史进程中始终成为坚强领导核心。党自身坚强如铁，就没有任何外部力量能够将它打垮。

---

① 马克思恩格斯选集（第1卷）[M]. 北京：人民出版社，2012：291.
② 习近平. 不断开辟当代中国马克思主义、二十一世纪马克思主义新境界[M].// 习近平谈治国理政（第三卷）. 北京：外文出版社，2020：76.

目录 CONTENTS

第一章 时代是出卷人：建设什么样的长期执政的马克思主义政党

一、百年大变局下的中国与世界　　002

二、充分认识当今党情新变化　　010

三、目标视野：建设世界上最强大的政党　　015

第二章 坚持党中央集中统一领导

一、党是最高政治领导力量　　024

二、发挥党总揽全局、协调各方的领导核心作用　　029

三、坚决维护党的核心和党中央权威　　034

第三章 坚持党要管党、全面从严治党

一、全面从严治党：以伟大的自我革命引领伟大的社会革命　　046

二、把全面从严治党向纵深推进　　051

三、确保党不变质、不变色、不变味　　059

第四章　以党的政治建设为统领

一、提高政治站位，切实把政治建设摆在首位　　068
二、发展全过程人民民主　　075
三、提高政治能力，坚决治理"七个有之"的问题　　081

第五章　坚持严的主基调不动摇

一、严格执行纪律，架牢纪律的高压线　　092
二、坚持高标准和守底线相结合　　100
三、严的重点，在于从严管理干部　　107

第六章　发扬钉钉子精神加强作风建设

一、以保持党同人民群众的血肉联系为核心　　116
二、坚持问题导向，突出重点　　121
三、党的作风建设永远在路上　　130

第七章　以零容忍态度惩治腐败，纠正一切损害群众利益的不正之风

一、始终保持惩治腐败高压态势　　138
二、坚决惩治群众身边的腐败和作风问题　　144
三、一体推进追逃防逃追赃工作　　151

第八章　抓住"关键少数"以上率下

一、抓住"关键少数"是治国理政的中国智慧　　160

二、抓住"关键少数",形成"头雁效应" 164

　　三、抓住"关键少数",坚决贯彻民主集中制 170

第九章　完善党和国家监督制度,形成监督合力

　　一、发挥党内监督主导作用 178

　　二、强化纪委履行专职监督责任、推进各类监督贯通协同 183

　　三、破解"一把手"监督难题 188

第十章　打好自我革命组合拳

　　一、自我革命:中国共产党跳出治乱兴衰历史周期率的第二个答案 196

　　二、以思想建设为基础,以组织建设为保障 201

　　三、打好组合拳,开辟自我革命新境界 206

结束语　成其身而天下成　治其身而天下治 213

后　记 217

第一章

时代是出卷人：
建设什么样的长期执政的马克思主义政党

不审天下之势，难应天下之务。正确判断人类社会历史的本质和走向，是中国共产党破解自身发展难题和建设人类命运共同体的重要前提。党的十九届中央纪委六次全会统筹把握中华民族伟大复兴战略全局和世界百年未有之大变局，着眼于建设一个强大的马克思主义执政党，针对发生深刻变化的世情国情党情，作出"九个坚持""六个必须"的战略擘画，把马克思主义执政党建设思想提升到了新境界。

一、百年大变局下的中国与世界

2017年12月28日，习近平总书记接见2017年度驻外使节工作会议与会使节并发表重要讲话指出："放眼世界，我们面对的是百年未有之大变局。"[①] 这是他第一次使用"百年未有之大变局"研判世界局势，以后他又多次论述这一命题，表明"中国同世界的关系也在发生历史性变化"[②]。

[①] 习近平接见二〇一七年度驻外使节工作会议与会使节并发表重要讲话[N]. 人民日报，2017-12-29(01).

[②] 习近平会见出席"2019从都国际论坛"外方嘉宾[N]. 人民日报，2019-12-04(01).

（一）百年大变局的由来及其基本内涵

变化者，乃天地之自然。"变局"，《现代汉语词典》释为"变动的局势；非常的局面"[①]。什么是百年未有之大变局？它从何而来？这就需要了解它发生的现实基础，这个现实基础就是现存的世界体系，而现存的世界体系是逐渐形成和完善的。

绝大多数历史学家认为，公元1500年前后是人类历史的一个重要分水岭，新航路开辟和西方大航海时代的到来，是人类社会迈出的向"世界历史"转变的第一步。17世纪人类历史的焦点在战乱的欧洲，1648年10月24日，为结束1618—1648年的"三十年战争"，欧洲主要势力在德国威斯特伐利亚签订了一系列和约，史称《威斯特伐利亚和约》，该和约确立了国家主权平等的原则，开创了由国际会议解决国际问题的先例，不过在实际运行中，只有大国才能真正享有主权，属于强权政治的世界体系。18世纪第一次工业革命后，人类社会迈上了加速发展的轨道，马克思所说的由资本主义大工业开启的"世界历史"由理论模型转化为客观的现实。从内容上讲，彼时这个时代之"变"就是如何从农业文明转向工业文明。而彼时彼刻，古老的中国在应对世界变局上反应迟钝、应对失误，非但没有引领世界潮流，反而严重落后于这个时代。在西方大国的对外野蛮扩张中，从19世纪初拿破仑帝国崩溃后，以英、俄、奥、普为首的战胜国通过维也纳会议在欧洲大陆上建立新均势维也纳体系，到第一次世界大战后

[①] 现代汉语词典[Z].北京：商务印书馆，2016：80.

强党之问
——怎样建设长期执政的马克思主义政党

帝国主义列强美、英、日、法、意等国建立凡尔赛—华盛顿体系,再到第二次世界大战后美、英、苏三国缔造雅尔塔体系,世界格局的演进基本是多极的,只有最后的雅尔塔体系是两极的,但雅尔塔体系同样带有强权政治色彩。1989年东欧剧变和1991年苏联解体,标志两极格局瓦解,也象征着雅尔塔体系最终瓦解,出现了美国"一超"力图主导国际事务的局面,而其他大国则主张多极化。2008年国际金融危机以来,新兴经济体群体性崛起,广大发展中国家对美国超级大国地位形成挑战。特别是科学社会主义诞生以来,从理论到实践,从一国到多国,从遭遇曲折到在中国引领下奋起振兴,国际社会正向着多极化的方向深度发展。

中国这片东方的沃土可谓地灵人杰,曾经引领着世界发展潮流长达千年之久,创造了无数的人间奇迹,成为世人向往的国度、当之无愧的世界之巅。只是到了近代,由于西方列强的血腥入侵和封建统治的专制腐朽,中国落伍了,从1840年起逐步进入半殖民地半封建社会。从那时起,实现中华民族的伟大复兴,就成了中国人民最伟大的梦想。各种救国方案轮番出台,但都因为没有改变中国的社会性质,没有改变中国人民的悲惨命运,而以失败告终。

时代大潮呼唤着真正的领导者。1917年,十月革命一声炮响,给中国送来了马克思列宁主义,马克思列宁主义同中国工人运动紧密结合,中国共产党在1921年应运而生。在中国共产党的领导下,中国人民成为世界无产阶级革命大潮的主力军,从此踏上了走向共产主义社会的大道。一百多年后的今天,社会主义中国持续快速发展,勤劳智慧的中国人民日益成为世界格局和全球治理体系演变背后的主导因素、决定性力量之一,这就形成了"百年未有之大变局"。"两个大局同步交织、相互激荡:中华民族伟大复兴是世界百年未有之大变局的重要组成部分,是影响这一大变局前途和走向的关键因素之一。"①这对中国和世界来说,绝非巧合,而是中华民族虽在近代饱受屈辱但仍坚持奋勇前行的历史安排。

"百年未有之大变局"的百年不一定指一百年,准确的理解应该指近代以来的所有历史过程。同样,我们可以将"百年未有之大变局"的基本内涵理解为近代以来特别是 20 世纪以来国际政治、经济、军事、科技等领域已经发生、正在发生的历史性、革命性变化,并且这一变局将伴随中华民族伟大复兴的全过程,或者时间更长,而不是指与百年来某个时间节点或阶段上的变化强度或烈度比较大小。

(二)世界和中国:百年大变局的界定性特征

百年未有之大变局,不是一时一事、一域一国之变,既包括世界,也包括中国。这里的世界,不只是传统意义上的国际关系,更是指视野更为宏大、内涵更为丰富的人类社会。从本质上讲,百年未有之大变局是历史之变、时代之变、方向之变、理念之变、制度之变。就世界而言,变的是格局、秩序、体系;就中国而言,变的是实力、地位、影响力。

世界经济格局发生了显著变化。雅尔塔体系终结后,西方主导下的经济全球化导致的国际分工,成为西方国家主导世界秩序的物质基础。然而,自 2008 年国际金融危机以后,从全球范围看,传统发达国家和新兴经济体、广大发展中国家之间的差距不断缩小,2017 年"新兴市场国家和发展中国

---

① 彭国华. 胸怀两个大局 迈上新的征程 [N]. 人民日报,2020-01-08(09).

家对全球经济增长的贡献率已经达到80%"①。中国自2006年以来，对世界经济增长贡献率稳居世界第一位，成为世界经济增长第一引擎、第一稳定器。中国目前在5G技术、人工智能、量子通信、大数据等方面处于世界领先地位，在科技革命中的角色由跟跑者、参与者向并跑者、变革者转变，在国际分工中也正从外围向国际分工引领者的方向发展。2021年，中国GDP达到114.4万亿元、增长8.1%，折合约17.73万亿美元，居世界第二。美国2021年GDP约23.02万亿美元，中国GDP已达到了美国的77%，这是第二次世界大战以来全世界所有国家中唯一一个GDP与美国如此接近的国家。中国已基本与美国形成第一集团，远远领先世界第三日本的4.93万亿美元，而且接近第三到第七名即日本、德国、英国、印度和法国五个国家GDP的总和。这不仅会有力重塑全球经济版图，还会深刻改变人类社会生产生活方式和思维方式，推动世界经济格局进一步发生显著变化。

世界政治重心"东升西降"。一百多年前，以美国为首的西方国家一直处于全球政治重心的地位，掌握全球政治生活的主导权，左右全球政治的发展方向和路径。在国际制度方面，几乎所有重要的国际政治经济制度都是西方发达国家间权力和利益均衡的产物。一百多年后，新自由主义制度范式遭受挫折，一大批发展中国家群体性崛起，成为影响国际政治格局的重要力量。更重要的是，社会主义在同资本主义竞争中的被动局面得到很大程度的扭转，中国特色社会主义成为振兴世界社会主义的中流砥柱，中国日益发挥着世界和平建设者、全球发展贡献者、国际秩序维护者的重要作用。特别要看到，2020年以来，新冠肺炎疫情全球大流行，社会主义

---

① 习近平.共担时代责任，共促全球发展[M].//习近平谈治国理政（第二卷）.北京：外文出版社，2017：479.

优越性得到更大程度的彰显，使国际格局"东升西降"的趋势更加显著，推动大变局不断向纵深发展。

全球文化多样化发展。一百多年来，西方特别是美国的文化及其价值观渗透世界各国，成为很多国家的精神食粮和价值追求。一百多年后的今天，全球文明多样化发展，成为不可逆转的国际趋势。中华文明历来主张天下大同、协和万邦，中华文明在世界上的影响力与日俱增，成为文明多样发展中不容忽视的重要力量。改革开放特别是党的十八大以来，中国所创造的政治清明、经济发展、社会稳定等奇迹，不仅给那些既希望加快发展又希望保持自身独立性的国家和民族提供了全新选择，还使世界范围内两种意识形态、两种社会制度的历史演进及其较量，发生了有利于马克思主义、社会主义的深刻转变。两相对比，曾一度被奉为范式的传统西方文化则受到了质疑，中国特色社会主义文化成为振兴世界社会主义意识形态的顶梁柱。

全球治理体系变动调整。现行国际秩序和国际规则是在第二次世界大战以后逐步形成的，总体上维持了世界和平与发展，但存在着诸多不公正、不合理的地方，而且当前国际秩序正在出现"碎片化"的趋势，除了主权国家以外，国际组织、非政府组织、意见领袖、媒体、研究机构等非国家行为体正在分散国家的权力，这一切迫切需要调整。一百多年来，特别是中国特色社会主义进入新时代以来，在中国的努力下，全球治理越来越向着公平合理的方向发展，多边全球治理格局初现端倪。有学者提出，亚投行的成功实践体现的就是一个国家行为体与世界体系共同进化的结果。它成功的核心经验就在于，中国以人类命运共同体的前进方向为着眼点，通过灵活务实的策略和战术调整，保证了通过规则和制度建设影响和塑造世界体系，与此同时谋求发展中国家和新兴大国在国际治理体系中的正当位置的战略目标。

（三）百年大变局的"危"与"机"

从历史的长镜头来看，中国的发展是属于全人类进步的伟大事业。中国共产党的一百多年就是为中国人民谋幸福、为中华民族谋复兴、为世界谋大同的一百年，正如习近平总书记所说，"深刻改变了近代以后中华民族发展的方向和进程，深刻改变了中国人民和中华民族的前途和命运，深刻改变了世界发展的趋势和格局"①。今天，我们站在大变局正在酝酿和深度涌动的历史时刻，需要意识到新的百年之变，既是国际格局和体系的变革和大调整不断深化的关键时期，又是危与机同生共存的艰难时刻，我们又一次站在了历史的"危""机"关口。

百年未有之大变局，给中华民族伟大复兴带来重大挑战。从外部来讲，当前新冠肺炎疫情持续蔓延，大国博弈持续升温，世界经济形势错综复杂，周边局势稳中有变，全球治理、信任、和平、发展赤字加剧，最突出的特征是全球动荡源和风险点增多变大，不确定性显著上升。过去我们同别人的互补性多一些，现在同别人的竞争性多了起来，这就导致在非此即彼的零和思维下，中国无论秉持何种发展战略意图，都会被西方一些国家认为是对他们主导的国际格局的战略挑战，发展压力加大。从内部环境来看，我国仍处于并将长期处于社会主义初级阶段，我国仍然是世界上最大的发

---

① 习近平.在庆祝中国共产党成立100周年大会上的讲话[N].人民日报，2021-07-02(02).

展中国家，改革发展稳定任务难度加大。与此同时，国内外各方面风险不断积累甚至集中显露，很可能还会相互叠加、相互交织、相互转化、相互作用并形成综合风险体，甚至还会遇到难以想象的惊涛骇浪，处理不好还会有可能出现迟滞或中断中华民族伟大复兴进程的全局性风险。

百年未有之大变局，给中华民族伟大复兴带来重大机遇。当今世界，和平与发展仍然是时代主题，经济全球化虽然遭遇逆流但不可逆转，我国经济发展长期向好的基本面没有变，经济持续增长的良好支撑基础和条件没有变，经济结构调整优化的整合态势没有变。2021年，我国人均GDP达到约8.1万元，超过世界平均水平，粮食产量约1.37万亿斤，创历史新高，市场主体总量超过1.5亿户，载人航天、火星探测、资源勘探、能源工程等领域实现新突破，疫苗全程接种覆盖率超过85%。站在世界之巅，可以预见未来一个时期，将会是世界经济新旧动能转换、国际格局和力量对比加速演变、全球治理体系深刻重塑的一个时期，解决各种世界性难题迫切需要加强国际合作。我国拥有解决国际减贫、气候变化、重大传染性疾病、地区热点问题等世界性难题的强大能力和资源，作用不可替代。全球新一轮科技革命和产业变革深入发展，我国在其中占有重要一席之地。还有，中国共产党的坚强领导，中国特色社会主义制度的显著优势，自信自强的精神力量，都为我国发展的重要战略机遇期创造了新机遇、注入了新动力、赋予了新内涵。

从总体上看，机遇大于挑战，时与势在我们这一边，这是我们定力和底气所在，也是我们的决心和信心所在。如何继续找到并实现中国在其中的正当定位，如何推动中国与国际体系改革的共同演进，这是中国共产党应对百年大变局所要解决的核心问题。这就要求在巨大的、强烈的政治和社会变迁面前，中国共产党必须既要保持自己的先进性又要展示出足够的灵活性，不断地与时俱进，不断地保持强大的领导力。

二、充分认识当今党情新变化

中国共产党是经历现代中国历史选择的成功的执政党。中国共产党要始终成为时代先锋、民族脊梁，始终成为马克思主义执政党，必须顺应人民共同期待，充分认识党情，仔细研判，加强自身建设，打铁还需自身硬。

（一）从党员队伍发展看，规模在扩大、结构在优化、素质在提高，但也面临不少新挑战

中央组织部最新党内统计数据显示：截至2021年底，中国共产党员总数为9671.2万名，比上年净增343.4万名。党的基层组织493.6万个，比上年净增11.7万个。中国共产党一路走来，始终把基层党组织和党员队伍建设作为党的建设的基础性工作，不断吸收新鲜血液，着力锻造先锋队伍，使党始终保持旺盛生命力和强大战斗力。

党员队伍规模进一步壮大。党员总数比上年增加3.7%，比党的十八大召开时增加15.9%。党的十八大以来实施发展党员总量调控，党员数量稳步增长。2021年，隆重庆祝建党100周年，充分展示了百年大党的青春活力，各行业各领域的先进分子踊跃申请入党，全年新发展党员438.3万名，比上年增加195.6万名，其中，生产工作第一线的231.1万名，占52.7%；大专及以上学历的211.5万名，占48.3%；35岁及以下的354万名，占80.8%。

党员队伍结构持续优化。大专及以上学历党员5146.2万名，占53.2%，比上年提高1.3个百分点；女党员2843.1万名，占29.4%，比上年提高1.0个百分点；少数民族党员728.5万名，占7.5%，比上年提高0.1个百分点。与2012年底相比，大专及以上学历、女性、少数民族党员占比分别提高13.2、5.6、0.7个百分点。工人和农民仍是党员队伍主体，占总数的33.6%。

党员教育管理不断加强。以学习贯彻习近平新时代中国特色社会主义思想为主线，结合开展党史学习教育，健全党员教育工作体系，深入开展讲党课和学习榜样活动，加大党员教育培训力度，各级举办培训班177.3万期，县级以上党委集中轮训基层党组织书记430.4万人次，教育质量持续提升。党的组织生活更加严格规范，424.8万个党支部召开专题组织生活会、开展民主评议党员。

基层党组织不断夯实巩固。全国共设立基层党委27.8万个、总支部31.6万个、支部434.2万个，组织设置更加科学规范。全年178.2万个基层党组织完成换届，农村、社区基层党组织带头人队伍进一步优化。村、社区党组织书记中，大专及以上学历的分别占40.8%、77.7%，比上年提高14.3、10.3个百分点；35岁及以上的分别占12.5%、18.2%，比上年提高4.5、5.0个百分点。在党中央大抓基层的鲜明导向指引下，各领域基层党组织的战斗堡垒作用和共产党员先锋模范作用充分彰显。

我们党是世界上最大的执政党。但是，大党并不等于强党。从党的历史方位看，党所处的外部环境的变化，有利于党员干部开阔眼界、提升能力，同时也增加了受外部环境干扰和侵蚀的危险；从党的组织看，党的基层组织不断发展壮大，领导班子和干部队伍建设成就显著，以健全民主集中制为核心的制度建设不断加强，同时也增加了组织运转中出现空转和失灵现象、乡村建设带头人紧缺的危险；从党员队伍的构成看，更趋多元化、流动化和年轻化。多元化、流动化一方面体现了生机活力，另一方面也给党的教育管理和功能发挥带来新问题和新挑战。年轻化说明党员队伍后继有人，但大多年轻党员的意识和党性修养有待加强。

（二）从党的自身建设看，全面从严治党取得很大成绩，但党内还存在不少突出问题

中国共产党是一个善于领导社会革命的党，更是一个勇于进行自我革命的党。党的十八大以来，全面从严治党取得了历史性、开创性成就，"经过不懈努力，党找到了自我革命这一跳出治乱兴衰历史周期率的第二个答案，自我净化、自我完善、自我革新、自我提高能力显著增强，管党治党宽松软状况得到根本扭转，风清气正的党内政治生态不断形成和发展，确保党永远不变质、不变色、不变味"①。《中共中央关于党的百年奋斗重大成就和历史经验的决议》从党的指导思想的主要内容上明确提出"全面从严治党的战略方针"，这在党的历史上是第一次，标志着我们党对管党治党规律的认识提高到了新水平。

当然，任何事情都有其两面。《中共中央关于党的百年奋斗重大成就和历史经验的决议》深刻指出："全党必须铭记生于忧患、死于安乐，常怀远虑、居安思危，继续推进新时代党的建设新的伟大工程，坚持全

---

① 习近平. 高举中国特色社会主义伟大旗帜　为全面建设社会主义现代化强国而团结奋斗——在中国共产党第二十次全国代表大会上的报告 [M]. 北京：人民出版社，2022：14.

面从严治党,坚定不移推进党风廉政建设和反腐败斗争,勇敢面对党面临的长期执政考验、改革开放考验、市场经济考验、外部环境考验,坚决战胜精神懈怠的危险、能力不足的危险、脱离群众的危险、消极腐败的危险。"①党的二十大报告郑重指出:"一些党员干部缺乏担当精神,斗争本领不强,实干精神不足,形式主义、官僚主义现象仍较突出,铲除腐败滋生土壤任务依然艰巨,等等。"②

我们必须进一步认识到:"腐败和反腐败较量还在激烈进行,并呈现出一些新的阶段性特征,防范形形色色的利益集团成伙作势、'围猎'腐蚀还任重道远,有效应对腐败手段隐形变异、翻新升级还任重道远,彻底铲除腐败滋生土壤、实现海晏河清还任重道远,清理系统性腐败、化解风险隐患还任重道远。"③我们还要深刻认识到:"党内存在的很多问题都同政治问题相关联,都是因为党的政治建设没有抓紧、没有抓实。'治其本,朝令而夕从;救其末,百世不改也。'不从政治上认识问题、解决问题,就会陷入头痛医头、脚痛医脚的被动局面,就无法从根本上解决问题。"④这些突出问题,都可能动摇党的根基、阻碍党的事业健康发展,必须以彻底的自我革命精神加以解决。

---

① 中共中央关于党的百年奋斗重大成就和历史经验的决议 [N]. 人民日报, 2021-11-17(01).
② 习近平. 高举中国特色社会主义伟大旗帜 为全面建设社会主义现代化强国而团结奋斗——在中国共产党第二十次全国代表大会上的报告 [M]. 北京:人民出版社, 2022:14.
③ 坚持严的主基调不动摇 坚持不懈把全面从严治党向纵深推进 [N]. 人民日报, 2022-01-19(01).
④ 习近平. 增强推进党的政治建设的自觉性和坚定性 [J]. 求是, 2019(14).

（三）从完成历史使命看，党已经取得巨大成就，但还要进行具有许多新的历史特点的伟大斗争

一百多年来，党领导人民浴血奋战、百折不挠，取得了新民主主义革命的伟大成就；自力更生、发愤图强，创造了社会主义革命和建设的伟大成就；解放思想、锐意进取，创造了改革开放和社会主义现代化建设的伟大成就；自信自强、守正创新，创造了新时代中国特色社会主义的伟大成就。党和人民通过一百多年奋斗，迎来了中华民族从站起来、富起来到强起来的伟大飞跃，中华民族伟大复兴进入了不可逆转的态势，我国走向世界舞台中央、深刻影响世界发展格局进入了不可逆转的态势，书写了中华民族5000多年历史上最恢宏的史诗。

新时代中国共产党的历史使命，就是统揽伟大斗争、伟大工程、伟大事业、伟大梦想，实现中华民族伟大复兴的中国梦。"四个伟大"是一个紧密联系、相互贯通、相互作用、有机统一的整体。其中，起决定作用的是党的建设伟大工程。习近平总书记说："实现伟大梦想，必须建设伟大工程。"① 伟大工程建设得好不好，直接关系到我们党有没有底气和能力去进行伟大斗争，有没有责任和策略去推进伟大事业，有没有韧性和途径去实现伟大梦想。从完成这一历史使命来看，党已经取得巨大成就，当前我们比历史上任何时期都更接近这一目标，比历史上任何时期都更有信心、有能力实现这个目标。但从需要应对的波谲云诡的国际形势、复杂敏感的周边环境、艰巨繁重的改革发展稳定任务来看，可谓到了"船到中流浪更急，

---

① 习近平. 决胜全面建成小康社会 夺取新时代中国特色社会主义伟大胜利[N]. 人民日报, 2017-10-28(01).

人到半山路更陡"的极险极难阶段，我们正在面临一场具有许多新的历史特点的伟大斗争。

认识并运用社会矛盾运动规律，坚持斗争、不懈斗争、在斗争中前进，是中国共产党人的本色，是中国共产党不可战胜的强大精神力量。"党和人民取得的一切成就，不是天上掉下来的，不是别人恩赐的，而是通过不断斗争取得的。"[1]当然，世情国情党情在变决定了这一时期伟大斗争的内容与形式都与过去有了很大的不同，从内容上看，与天与地与人与己与古与今；从形式上看，有文有武有进有退有柔有刚有虚有实有正有奇。要胜利完成伟大的任务，必须发扬伟大的斗争精神，增强斗争的本领。

一个时代有一个时代的问题，一代人有一代人的使命。新时代党情的新变化，既是社会发展的客观要求，也是政党现代化的自觉反应。同时要看到，党的性质、宗旨和服务功能没有变化，党的严密组织和严格纪律要求没有变化。当然，我们更看到了党内还存在着许多亟待解决的突出问题。坚持党的领导，必须不断改善党的领导，消除一切损害党的先进性和纯洁性的因素，消除一切侵蚀党的健康肌体的毒瘤，让党的领导更加适应世情国情党情民情的要求，确保我们党永葆旺盛生命力和强大战斗力。

三、目标视野：建设世界上最强大的政党

所谓"目标"，一般来说，是指工作或计划中拟定要达到的境界和标准。中国共产党的党建目标是马克思主义无产阶级政党原理和中国共产党建

---

[1] 中共中央关于党的百年奋斗重大成就和历史经验的决议 [N]. 人民日报，2021-11-17(01).

诉求的具体结合。就无产阶级政党的性质维度而言，"建设什么样的党"具有恒定的价值追求，即党建目标具有稳定性和持久性；就党在不同时期所肩负的时代使命和具体任务而言，"建设什么样的党"与特定世情国情党情相关联，党建目标处于不断的发展变化之中。中国共产党从诞生到成长壮大，关键在于有与时俱进的党建目标的正确引领。习近平总书记明确提出，"我们党要搞好自身建设，真正成为世界上最强大的一个政党"[①]。

（一）目标配置：先进性、现代性和革命性

邓小平同志说："建立一个什么样的党的问题，这不仅是我们这一代的问题，也是下一代、再下一代的问题。"[②]站在新的历史起点上，如何进一步完善党建目标？以习近平同志为核心的党中央在党的十九大上提出："把党建设成为始终走在时代前列、人民衷心拥护、勇于自我革命、经得起各种风浪考验、朝气蓬勃的马克思主义执政党。"[③]这一党建目标集百年来党建经验之大成，着眼于先进性、现代性和革命性三者的统一，其历史地位在党建史上具有里程碑意义。

第一，"走在时代前列"反映了马克思主义政党的先进性。马克思主义政党的先进性不仅在于有良好的政治品格，更在于始终走在时代前列，能领导无产阶级和人民群众从一个胜利走向另一个胜利。马克思、恩格斯

---

① 习近平. 开展"两学一做"学习教育，推动党内教育从"关键少数"向广大党员拓展[M]//十八大以来重要文献选编（下）. 北京：中央文献出版社，2018：177.
② 邓小平文选（第一卷）[M]. 北京：人民出版社，1994：348.
③ 习近平. 决胜全面建成小康社会　夺取新时代中国特色社会主义伟大胜利[N]. 人民日报，2017-10-28(01).

曾经指出:"在实践方面,共产党人是各国工人政党中最坚决的、始终起推动作用的部分;在理论方面,他们胜过其余无产阶级群众的地方在于他们了解无产阶级运动的条件、进程和一般结果。"① 新时代党建目标再次强调"走在时代前列",反映了党对"先进性"核心要义的完整坚守。新时代新征程,面临着更加艰巨复杂的世情国情党情,必须不断丰富和发展与时俱进的宝贵经验,把党的先进性进行到底。

第二,"人民衷心拥护"反映了马克思主义政党的现代性。以人民为中心是党建目标的一贯要求。新时代,党建目标重在推动政治理念向政治效果的转变,强调"人民衷心拥护"的民心状态。新时代新征程,党群关系面临着更加艰巨复杂的任务,必须不断丰富和发展以人民为中心的宝贵经验,把现代性进行到底。

第三,"勇于自我革命"反映了马克思主义政党的革命性。新时代全面从严治党取得历史性、开创性成就,产生全方位、深层次影响,形成了一整套自我净化、自我完善、自我革新、自我提高的制度体系,探索出一条长期执政条件下跳出历史周期率的自我革命的成功路径。新时代新征程,必须不断丰富和发展坚持自我革命的宝贵经验,把党的伟大自我革命精神进行到底。

第四,"经得起各种风浪"反映了马克思主义政党的本领高强。当今国际国内形势环境变化之快,改革发展稳定任务之重,矛盾风险挑战之多,对我们党执政能力的考验前所未有。新时代新征程,全党应充分认识这场伟大斗争的长期性、复杂性、艰巨性,发扬斗争精神,守住韧性,提升能力,下好先手棋、打好主动仗,就能够"经得起各种风浪考验"。

---

① 马克思恩格斯选集(第一卷)[M]. 北京:人民出版社 2012:413.

第五,"朝气蓬勃"反映了马克思主义政党的青春活力。作为百年大党,如何永葆初心青春,是我们必须回答好、解决好的一个根本性问题。初心易得,始终难守。温室里长不出参天大树,懈怠者干不成宏图伟业。新时代新征程,全党同志要不忘初心、继续前进,在经风雨、见世面中长才干、壮筋骨,练就担当的硬脊梁、铁肩膀、真本事。

党的先进性、现代性、革命性、本领强和青春活力在党建目标上的新配置,集中体现了党的性质、宗旨、纲领,集中体现了中国共产党人的价值取向、政治定力和使命担当,体现了强烈的问题意识、忧患意识、对策意识和责任意识,是中国共产党人在新时代征程高扬的一面旗帜,是建设世界上最强大的政党的标配。对此,党的二十大报告郑重指出:"我们要落实新时代党的建设总要求,健全全面从严治党体系,全面推进党的自我净化、自我完善、自我革新、自我提高,使我们党坚守初心使命,始终成为中国特色社会主义事业的坚强领导核心。"[①]

(二)路径规划:历史逻辑与现实逻辑的百年贯通

"党和人民事业发展到什么阶段,党的建设就要推进到什么阶段。这是加强党的建设必须把握的基本规律。"[②]党的十九届六中全会承前启后、继往开来,《中共中央关于党的百年奋斗重大成就和历史经验的决议》紧

---

① 习近平. 高举中国特色社会主义伟大旗帜 为全面建设社会主义现代化强国而团结奋斗——在中国共产党第二十次全国代表大会上的报告 [M]. 北京:人民出版社,2022:64.

② 习近平. 在庆祝中国共产党成立九十五周年大会上的讲话 [M]// 十八大以来重要文献选编(下). 北京:中央文献出版社,2018:355.

第一章 时代是出卷人：建设什么样的长期执政的马克思主义政党

扣第二个百年奋斗目标，放眼 2050 年、锚定 2035 年，擘画行稳致远之道，提出了应变破局之问"建设什么样的长期执政的马克思主义政党、怎样建设长期执政的马克思主义政党"的时代课题。

2022 年 1 月 18 日，习近平总书记在十九届中央纪委六次全会上，立足百年奋斗新起点，聚焦这一强党之问，紧紧围绕增强"四个意识"、坚定"四个自信"、做到"两个维护"，紧紧围绕先进性、现代性、革命性等新时代党建新要求，坚持问题导向，从历史和现实相贯通、国际和国内相联系、理论和实践相结合的宽广视角，着力补短板、强弱项，整体性统筹、系统性谋划推动"政治建设、思想建设、组织建设、作风建设、纪律建设"加"制度建设贯穿、反腐败斗争推进"的"5+2"党建总体布局，用"九个坚持"对党建中一些重大理论和实践问题进行总结阐释回答，体现了建设安排与建设目标、建设导向与建设方式、建设重点与建设路径的有机统一，释放出建设世界上最强大的政党的战略谋划；"六个必须"阐释了党自我革命的"组合拳"，释放出顺应时代、把握大势的历史主动，彰显出应对风险挑战、做好自我革命的全局运筹。

"九个坚持""六个必须"一体发力、贯通融合，深刻揭示了我们党在过去一百多年，特别是党的十八大以来自我革命的成功路径，是推进新时代党的建设新的伟大工程的基本遵循，是建成世界上最强大政党的行动指南。

坚持党中央集中统一领导。马克思、恩格斯在总结巴黎公社的经验教训时深刻指出，巴黎公社失败，就是由于缺乏集中和权威；列宁领导的十月革命的胜利，关键在于坚持布尔什维克党的集中统一领导。坚持党中央集中统一领导，是加强党的全面领导的首要任务，是马克思主义政党的本质要求和贯彻民主集中制的基本要求，是一个成熟的马克思主义政党必须始终坚持、不能含糊和动摇的重大原则，是百年大党成功的经验总结。

坚持党要管党、全面从严治党。马克思主义政党以实现人的自由全面发展和解放全人类为己任，要实现这样的崇高使命，永葆先进性和纯洁性，就必须一刻不放松地解决自身存在的问题，以彻底的自我革命来推动深刻的社会革命。党要管党、全面从严治党，既是我们党长期以来形成的优良传统和成功经验，也是我们党区别于世界上其他政党最显著的标志。继续推进新时代党的建设新的伟大工程，就是要始终保持"赶考"的清醒，以永远在路上的坚定和执着，把全面从严治党进行到底。

以党的政治建设为统领。旗帜鲜明地讲政治是马克思主义政党的根本要求。加强党的政治建设，才能保证党的政治目标不漂移、政治立场不动摇、政治纪律不松弛，永葆党的马克思主义政党本质属性。全党需要警惕和防范的"七个有之"问题，从根本上讲都是政治问题，也必须从政治上来解决。

坚持严的主基调不动摇。回顾党史百年历程，"严"是管党治党一以贯之的原则要求，也是我们党推进自我革命的鲜明标志。走进新时代，以习近平同志为核心的党中央以"得罪千百人，不负十四亿"的历史担当，把"严"贯穿到管党治党全过程各方面，清除了党、国家、军队内部存在的严重隐患，使管党治党宽松软状况得到根本扭转。全面从严治党是一场只有起点、没有终点的持久战，只有乘风破浪，没有无果而返。

发扬钉钉子精神加强作风建设。党的作风是党的性质、宗旨、纲领和路线在党的活动中的表现，是党的创造力、凝聚力、战斗力的重要内容，也是党的先进性和纯洁性的重要标志。作风建设的核心在于密切党群关系，以上率下是新时代作风建设的重要经验。在新的历史起点上，我们要深刻认识到加强作风建设，既是当前一项重大政治任务，也是党在长期执政条件下加强自身建设的一项长期任务，必须发扬钉钉子精神，以踏石留印、抓铁有痕的劲头抓下去。

以零容忍态度惩治腐败，纠正一切损害群众利益的不正之风。马克思主义经典作家认为，腐败是在私有制和国家形成的过程中出现的一种社会现象，腐败危害社会发展和党同人民群众的血肉联系。在消除腐败这一问题上，马克思、恩格斯强调尊重人民的主体地位。我们党从诞生之日起，就把反对腐败、建设廉洁政治作为自己的重要奋斗目标，反对腐败成为我们党一贯的政治行为。

抓住"关键少数"以上率下。习近平总书记曾用心良苦地以"亡国之音"和"五子登科"两个历史故事向全党警示骄奢淫逸的危害，强调加强党的建设一定要从"为政者"抓起，方能"上行之，下效之"。《中共中央关于加强对"一把手"和领导班子监督的意见》把党章党规中的有关规定进一步细化、具体化，突出对"关键少数"特别是"一把手"的监督。时代大考已经来临，如何抓好管好领导干部这个"关键少数"，是建设世界上最强大政党的关键。

完善党和国家监督制度，形成监督合力。党内监督是对全体党员实行的监督，国家监督是对所有行使公权力的公职人员实行的监督。我国80%以上的公务员和超过95%的领导干部是共产党员，这就决定了党内监督和国家监督具有高度的一致性，也决定了实行党内监督和国家监督相统一的必然性。完善党和国家监督体系，涉及各级各类监督主体、监督制度，是一项艰巨复杂的系统工程。

打好自我革命组合拳。回望历史，我们党之所以能够在现代各种政治力量反复较量中脱颖而出，成为中国人民和中华民族的主心骨，根本原因就在于我们党能够始终保持自我革命精神，这是胸怀和气度，更是负责和担当。站在新的历史起点上，党的自我革命面临着更加艰巨复杂的任务，必须不断丰富和发展坚持自我革命的宝贵经验，把党的伟大自我革命进行到底。

中国共产党立志于中华民族千秋伟业，百年恰是风华正茂。过去一百多年，党向人民、向历史交出了一份优异的答卷。现在，党团结带领中国人民又踏上了实现第二个百年奋斗目标的新的赶考之路。时代是出卷人，我们是答卷人，人民是阅卷人。时间将会证明，在中国共产党的坚强领导下，中国的崛起、中华民族的伟大复兴，注定是一场改变历史、影响世界、创造未来的非凡历程。

第二章

坚持党中央集中统一领导

党的十九届六中全会的一个重大命题,就是"从党的百年奋斗中看清楚过去我们为什么能够成功、弄明白未来我们怎样才能继续成功"①。对于这一重大问题,《中共中央关于党的百年奋斗重大成就和历史经验的决议》用"十个坚持"进行了全面深刻的回答,其中,"坚持党的领导"是首要一条,并明确指出:"只要我们坚持党的全面领导不动摇,坚决维护党的核心和党中央权威,充分发挥党的领导政治优势,把党的领导落实到党和国家事业各领域各方面各环节,就一定能够确保全党全军全国各族人民团结一致向前进。"②党的二十大报告郑重强调:"坚持和加强党中央集中统一领导。"③这表明,建成世界上最强大的政党,首要就是让党的领导尤其是党中央集中统一领导更加强大。

一、党是最高政治领导力量

习近平总书记明确指出:"党政军民学,东西南北中,党是领导一切的,

---

① 中共中央关于党的百年奋斗重大成就和历史经验的决议 [N]. 人民日报,2021-11-17(01).
② 中共中央关于党的百年奋斗重大成就和历史经验的决议 [N]. 人民日报,2021-11-17(01).
③ 习近平. 高举中国特色社会主义伟大旗帜 为全面建设社会主义现代化强国而团结奋斗——在中国共产党第二十次全国代表大会上的报告 [M]. 北京:人民出版社,2022:64.

是最高的政治领导力量。"① 党是最高政治领导力量,是对马克思主义建党学说的丰富发展,是对党的历史经验的深刻总结,是对中国特色社会主义本质要求的深刻揭示,是对推进伟大事业根本保证的政治宣示。

(一)马克思主义政党的基本原则

坚持无产阶级执政党对国家政权的最高领导权,是马克思主义建党学说的基本原则。马克思和恩格斯就指出:"为保证社会革命获得胜利和实现革命的最高目标——消灭阶级,无产阶级这样组织成为政党是必要的。"② 无产阶级夺取政权后,列宁强调:"党是直接执政的无产阶级先锋队,是领导者。"③ "在我国,国家政权的一切政治经济工作都由工人阶级觉悟的先锋队共产党领导。"④ 动摇了党的领导这个原则,共产党就会失去政权,社会主义就会蜕化质变。20世纪末,苏联解体、东欧剧变,就是共产党放松了对国家各领域的领导权的必然结果。在中国,党是最高政治领导力量,这是由我国国家性质和国体政体所决定的,是由国家宪法所确立的,没有高于中国共产党的政治力量或其他什么力量,其他任何政治力量都必须接受中国共产党的领导。中国不搞西方多党竞选、轮流执政那一套,这是中国任何时候都不会动摇的最高政治原则。党是最高政治领导力量的科学论断,丰富发展了马克思主义建党学说,深刻回答了国家由谁领导、

---

① 中共中央文献研究室.习近平关于社会主义政治建设论述摘编[M].北京:中央文献出版社,2017:30.
② 马克思恩格斯文集(第三卷)[M].北京:人民出版社,2009:228.
③ 列宁选集(第四卷)[M].北京:人民出版社,1995:423.
④ 列宁选集(第四卷)[M].北京:人民出版社,1995:624.

由谁掌权的根本问题。

（二）党领导革命、建设和改革的历史经验

在新民主主义革命时期，毛泽东同志从大革命失败的教训中，确立党指挥枪的原则，坚持党对军队的绝对领导，进而保证了党对革命事业的坚强领导。1942年9月，《中共中央关于统一抗日根据地党的领导及调整各组织间关系的决定》明确指出："党是无产阶级的先锋队和无产阶级组织的最高形式，它应该领导一切其他组织，如军队、政府与民众团体。"[①]这为加强党的一元化领导提供了根本保证。1945年，党的六届七中全会通过的《关于若干历史问题的决议》，把全党团结在毛泽东同志的正确路线之下，统一了全党的认识，加强了党的领导，促进了革命事业的迅猛前进和伟大胜利。1954年，毛泽东同志在第一届全国人民代表大会上庄严地宣布："领导我们事业的核心力量是中国共产党。"在社会主义革命的建设时期，正是党的坚强领导，保证了完整的工业体系和国民经济体系的建立，并取得了一系列重大工业、科技、教育等方面的成就。改革开放后，邓小平同志将党的领导作为现代化建设的领导核心和制胜法宝，强调党的领导这个原则决不能动摇。1981年，党的十一届六中全会通过的《关于建国以来党的若干历史问题的决议》指出："党的领导不会没有错误，但是党和人民的亲密团结必定能够纠正这种错误，任何人都不能用党曾犯过错误作为削弱、摆脱甚至破坏党的领导的理由。削弱、摆脱和破坏党的领导，只会犯更大

---

① 中共中央文件选集（第十三册）[M]. 北京：中共中央党校出版社，1991：427.

的错误,并且招致严重的灾难。"① 正是因为旗帜鲜明坚持党的领导,毫不动摇坚持党的基本路线,以邓小平同志为主要代表的中国共产党人成功开创了中国特色社会主义道路,以江泽民同志为主要代表的中国共产党人成功把中国特色社会主义推向21世纪,以胡锦涛同志为主要代表的中国共产党人成功在新形势下坚持和发展了中国特色社会主义。党的十八大以来,以习近平同志为核心的党中央把党作为最高政治领导力量,强化了党的全面领导,带领全党全国人民解决了许多长期想解决而没有解决的难题,办成了许多过去想办而没有办成的大事,推动党和国家事业发生历史性变革。习近平总书记深刻地把握历史的经验教训,指出:"只要我们深入了解中国近代史、中国现代史、中国革命史,就不难发现,如果没有中国共产党领导,我们的国家、我们的民族不可能取得今天这样的成就,也不可能具有今天这样的国际地位。在坚持党的领导这个重大原则问题上,我们脑子要特别清醒、眼睛要特别明亮、立场要特别坚定,绝不能有任何含糊和动摇。"党的二十大报告对此进一步强调:"我们党作为世界上最大的马克思主义执政党,要始终赢得人民拥护,巩固长期执政地位,必须时刻保持解决大党独有难题的清醒和坚定。"②

---

① 关于建国以来党的若干历史问题的决议(1981年6月27日中国共产党第十一届中央委员会第六次全体会议通过[EB/OL].中国共产党新闻网,2017-11-03.
② 习近平.高举中国特色社会主义伟大旗帜 为全面建设社会主义现代化强国而团结奋斗——在中国共产党第二十次全国代表大会上的报告[M].北京:人民出版社,2022:63.

（三）中国特色社会主义的本质要求

习近平总书记深刻指出："中国最大的国情就是中国共产党的领导。什么是中国特色？这就是中国特色。"① "中国特色社会主义最本质的特征是中国共产党领导，中国特色社会主义制度的最大优势是中国共产党领导。坚持和完善党的领导，是党和国家的根本所在、命脉所在，是全国各族人民的利益所在、幸福所在。"② "最大的国情""最本质的特征"和"制度的最大优势"，本质要求就是党是最高政治领导力量，是中国特色社会主义的开创者、推动者、引领者。

党的领导是历史和人民的选择。鸦片战争后，由于西方列强入侵和封建统治腐败，中国逐步成为半殖民地半封建社会，国家蒙辱、人民蒙难、文明蒙尘，中华民族遭受了前所未有的劫难。中国人民和中华民族能够扭转近代以后的历史命运，取得今天的伟大成就，最根本的原因是有中国共产党的坚强领导。

历史和现实都证明，没有中国共产党，就没有新中国，就没有中华民族伟大复兴。党的建设、党的领导是统一的。党的十九大描绘了决胜全面建成小康社会、夺取新时代中国特色社会主义伟大胜利的宏伟蓝图，指出实现伟大梦想，必须进行伟大斗争，建设伟大工程，推进伟大事业，其中起决定性作用的是党的建设新的伟大工程。在庆祝中国共产党成立100周年大会上的讲话中，习近平总书记庄严宣告，"经过全党全国各族人民持续奋斗，我们实现了第一个百年奋斗目标，在中华大地上全面建成了小康

---
① 习近平.中国共产党领导是中国特色社会主义最本质的特征[J].求是，2020(14).
② 习近平.中国共产党领导是中国特色社会主义最本质的特征[J].求是，2020(14).

社会","正在意气风发向着全面建成社会主义现代化强国的第二个百年奋斗目标迈进"。新时代新征程,党领导的事业越是宏大,就越要加强党的建设,越要把党锻造成最高政治领导力量,"坚持党的全面领导是坚持和发展中国特色社会主义的必由之路"①。

二、发挥党总揽全局、协调各方的领导核心作用

中国共产党是中国特色社会主义事业的领导核心和最高政治领导力量,必须加强和改善党的领导,充分发挥党总揽全局、协调各方的领导核心作用。习近平总书记对党总揽全局、协调各方的领导核心作用作了鲜明生动的阐述,他强调:"形象地说是'众星捧月',这个'月'就是中国共产党。在国家治理体系的大棋局中,党中央是坐镇中军帐的'帅',车马炮各展其长,一盘棋大局分明。如果中国出现了各自为政、一盘散沙的局面,不仅我们确定的目标不能实现,而且必定会产生灾难性后果。"②

(一)坚持和加强党中央集中统一领导

坚持和加强党中央集中统一领导,体现了党的民主集中制的基本原则,体现了我国国家制度和国家治理体系的显著优势,是党的领导的最高原则,也是总揽全局、协调各方的最高原则。党的十八大以来,以习近平同志为

---

① 习近平. 高举中国特色社会主义伟大旗帜 为全面建设社会主义现代化强国而团结奋斗——在中国共产党第二十次全国代表大会上的报告 [M]. 北京:人民出版社,2022:70.
② 习近平. 毫不动摇坚持和加强党的全面领导 [J]. 求是,2020(18).

核心的党中央把维护党中央权威和集中统一领导作为党的政治建设的首要任务,推进国家治理体系和治理能力现代化,推动我国国际影响力、感召力、塑造力显著提高,使"中国之治"与"西方之乱"形成鲜明对比。坚决维护党中央权威和集中统一领导,自觉在思想上政治上行动上同党中央保持高度一致。贯彻落实党中央对重大工作的领导体制,每一个党的组织、每一名党员干部,无论处在哪个领域、哪个层级、哪个部门和单位,都要坚持以党的旗帜为旗帜、以党的方向为方向、以党的意志为意志,服从党中央集中统一领导,从而实现全党思想上统一、政治上团结、行动上一致,切实把党中央重大决策部署落实到改革发展稳定、内政外交国防、治党治国治军等方面。

(二)健全坚持党的领导的体制机制

中国特色社会主义制度是一个严密完整的科学制度体系,其中具有统领地位的是党的领导制度。必须"健全总揽全局、协调各方的党的领导制度体系,完善党中央重大决策部署落实机制,确保全党在政治立场、政治方向、政治原则、政治道路上同党中央保持高度一致,确保党的团结统一。完善党中央决策议事协调机构,加强党中央对重大工作的集中统一领导。加强党的政治建设,严明政治纪律和政治规矩,落实各级党委(党组)主体责任,提高各级党组织和党员干部政治判断力、政治领悟力、政治执行力。坚持科学执政、民主执政、依法执政,贯彻民主集中制,创新和改进领导方式,提高党把方向、谋大局、定政策、促改革能力,调动各方面积极性。增强党内政治生活政治性、时代性、原则性、战斗性,用好批评和自我批评武器,持续净化党内政治生态。"①

建立不忘初心、牢记使命的制度。确保全党遵守党章,恪守党的性质和宗旨,坚持用共产主义远大理想和中国特色社会主义共同理想凝聚全党、团结人民,用习近平新时代中国特色社会主义思想武装全党、教育人民、指导工作,夯实党执政的思想基础。把不忘初心、牢记使命作为加强党的建设的永恒课题和全体党员、干部的终身课题,形成长效机制,坚持不懈锤炼党员、干部忠诚干净担当的政治品格。全面贯彻党的基本理论、基本路线、基本方略,持续推进党的理论创新、实践创新、制度创新,使一切工作顺应时代潮流、符合发展规律、体现人民愿望,确保党始终走在时代前列、得到人民衷心拥护。

完善坚定维护党中央权威和集中统一领导的各项制度。推动全党深刻领悟"两个确定"的决定性意义,增强"四个意识"、坚定"四个自信"、做到"两个维护",自觉在思想上政治上行动上同以习近平同志为核心的党中央保持高度一致,坚决把维护习近平总书记党中央的核心、全党的核心地位落到实处。健全党中央对重大工作的领导体制,强化党中央决策议事协调机构职能作用,完善推动党中央重大决策落实机制,严格执行向党中央请示报告制度,确保令行禁止。健全维护党的集中统一的组织制度,形成党的中央组织、地方组织、基层组织上下贯通、执行有力的严密体系,实现党的组织和党的工作全覆盖。

健全党的全面领导制度。完善党领导人大、政府、政协、监察机关、审判机关、检察机关、武装力量、人民团体、企事业单位、基层群众自治

---

① 习近平. 高举中国特色社会主义伟大旗帜　为全面建设社会主义现代化强国而团结奋斗——在中国共产党第二十次全国代表大会上的报告 [M]. 北京:人民出版社,2022:64.

组织、社会组织等制度，健全各级党委（党组）工作制度，确保党在各种组织中发挥领导作用。完善党领导各项事业的具体制度，把党的领导落实到统筹推进"五位一体"总体布局、协调推进"四个全面"战略布局各方面。完善党和国家机构职能体系，把党的领导贯彻到党和国家所有机构履行职责全过程，推动各方面协调行动、增强合力。

健全为人民执政、靠人民执政各项制度。坚持立党为公、执政为民，保持党同人民群众的血肉联系，把尊重民意、汇集民智、凝聚民力、改善民生贯穿党治国理政全部工作之中，巩固党执政的阶级基础，厚植党执政的群众基础，通过完善制度保证人民在国家治理中的主体地位，着力防范脱离群众的危险。贯彻党的群众路线，完善党员、干部联系群众制度，创新互联网时代群众工作机制，始终做到为了群众、相信群众、依靠群众、引领群众，深入群众、深入基层。健全联系广泛、服务群众的群团工作体系，推动人民团体增强政治性、先进性、群众性，把各自联系的群众紧紧团结在党的周围。

健全提高党的执政能力和领导水平制度。坚持民主集中制，完善发展党内民主和实行正确集中的相关制度，提高党把方向、谋大局、定政策、促改革的能力。健全决策机制，加强重大决策的调查研究、科学论证、风险评估，强化决策执行、评估、监督。改进党的领导方式和执政方式，增强各级党组织政治功能和组织力。完善担当作为的激励机制，促进各级领导干部增强学习本领、政治领导本领、改革创新本领、科学发展本领、依法执政本领、群众工作本领、狠抓落实本领、驾驭风险本领，发扬斗争精神，增强斗争本领。

完善全面从严治党制度。坚持党要管党、全面从严治党，增强忧患意识，不断推进党的自我革命，永葆党的先进性和纯洁性。贯彻新时代党的建设总要求，深化党的建设制度改革，坚持依规治党，建立健全以党的政治建设为统领，全面推进党的各方面建设的体制机制。完善和落实全面从严治党责任制度。坚决同一切影响党的先进性、弱化党的纯洁性的问题作斗争，大力纠治形式主义、官僚主义，不断增强党的创造力、凝聚力、战斗力，确保党始终成为中国特色社会主义事业的坚强领导核心。

（三）坚持民主集中制

确保党始终总揽全局、协调各方，必须坚持民主集中制。我们党实行的民主集中制，是民主基础上的集中和集中指导下的民主相结合的制度，既要充分发扬民主，又要善于集中，健全落实民主集中制的具体制度，切实推动民主集中制具体化、程序化，保证党员个人服从党的组织，少数服从多数，下级组织服从上级组织，全党各个组织和全体党员服从党的全国代表大会和中央委员会。

要把民主集中制贯穿到"两个维护"之中，旗帜鲜明讲政治，确保党的路线方针政策的全面贯彻落实：贯穿到民主政治之中，构建系统完备、科学规范、运行高效的党和国家机构职能体系，职责明确、依法行政的政府治理体系，中国特色、世界一流的武装力量体系，联系广泛、服务群众的群团工作体系，等等，推动各类机构、各种职能相互衔接、相互融合，推动党和国家各项工作协调行动、高效运行；贯穿到党的建设中，强化党组织的政治功能，严格党内政治生活，加强党内民主监督，增强各级党组织的向心力、凝聚力和战斗力；贯穿到民主科学决策之中，重大决策都要严格按照程序办事，充分发扬民主，广泛听取意见和建议，做到科学决策、民主决策、依法决策的同时，对党中央从全局出发、集中各方面智慧作出的决定，各地方、各部门要坚决贯彻执行，充分发挥积极性、主动性、创造性，但不允许自行其是、各自为政，不允许有令不行、有禁不止，不允许搞上有政策、下有对策。

三、坚决维护党的核心和党中央权威

维护党的核心和党中央权威，是坚持和加强党的全面领导的核心要义，是推动中国特色社会主义事业航船劈波斩浪、一往无前的根本保证。必须深刻领悟"两个确定"的决定性意义，不断增强坚决维护党的核心和党中央权威的政治自觉、思想自觉和行动自觉，凝聚全党和全国各族人民力量，促进全党大团结、全国人民大团结，新时代新征程不断开创实现第二个百年奋斗目标和中华民族伟大复兴的中国梦的新局面。

（一）在增强历史主动精神中做到"两个维护"

历史主动精神，就是认识和把握历史规律，以高度历史自觉推动历史发展的精神。回顾中华民族的历史，回顾世界社会主义运动史，回顾中国共产党百年奋斗史，都能够清晰地看到领导权威在历史发展中的重要作用。

回顾世界社会主义运动历史，维护权威是马克思主义政党建设的一个重大课题。马克思、恩格斯在创立科学社会主义理论、领导欧洲工人运动和建立无产阶级政党的实践中,始终强调权威的必要性和重要性。恩格斯在总结巴黎公社失败教训时深刻指出:"巴黎公社遭到灭亡,就是由于缺乏集中和权威。"① 他还指出:"没有权威,就不可能有任何的一致行动。"② 列宁特别强调党的杰出领袖、领导集体对党的意志统一的决定性作用,明确提出:"造就一批有经验、有极高威望的党的领袖是一件长期的艰难的事情。但是做不到这一点,无产阶级专政、无产阶级的'意志统一'就只能是一句空话。"③ 俄国布尔什维克党正是因为以列宁为领袖,由久经考验的无产阶级革命家组成的中央领导集体的坚强领导,才干成了十月革命这一伟业。而党的领袖和党中央丧失权威,正是造成苏联解体悲剧的根本原因所在。

回顾党的百年奋斗历程,维护党的核心和党中央权威,凝结了我们党的事业发展的经验教训。遵义会议前,由于没有形成成熟的党中央和坚强核心,党的事业几经挫折,甚至面临失败危险。遵义会议确立了毛泽东同志在红军和党中央的领导地位,我们党开始形成坚强的领导核心,从此中国革命便焕然一新。正是在党中央和党的核心坚强有力的领导下,经过一代又一代中国共产党人团结带领人民接续奋斗,中国革命、建设、改革事业才取得举世瞩目的伟大成就。对于领导核心,毛泽东同志说:"一个桃子剖开来有几个核心吗?只有一个核心。"④ "要建立领导核心,反对'一

---

① 马克思恩格斯文集(第十卷)[M]. 北京:人民出版社,2009:375.
② 马克思恩格斯文集(第十卷)[M]. 北京:人民出版社,2009:372.
③ 列宁专题文集 论无产阶级政党[M]. 北京:人民出版社,2009:344.
④ 栗战书. 坚决维护党中央权威[N]. 人民日报,2016-11-15(06).

国三公'。"①邓小平同志说:"任何一个领导集体都要有一个核心,没有核心的领导是靠不住的。"②党的百年奋斗历史告诉我们,党之所以能够创造新民主主义革命的伟大成就、社会主义革命和建设的伟大成就、改革开放和社会主义现代化建设的伟大成就、新时代中国特色社会主义的伟大成就,归根结底就是党的核心和党中央具有权威,使我们党能够带领人民完成各个时期的历史使命。

当前,我们正处在百年未有之大变局、国际竞争日趋激烈的时代洪流中,正处在国内改革全面深化、发展全面推进的重要时期,机遇前所未有,挑战前所未有。进行具有许多新的历史特点的伟大斗争,推进新时代党的建设新的伟大工程和中国特色社会主义伟大事业,推进国家治理体系和治理能力现代化,提升我国国际地位和影响力,我们比任何时候都更需要坚强的领导核心和领导集体。全党应自觉向习近平总书记看齐,向党的理论和路线方针政策看齐,向党中央决策部署看齐,增强历史主动精神,从而维护党的核心和党中央权威,保证党的理论和路线方针政策得到全面贯彻落实。

(二)在保持强烈责任担当中做到"两个维护"

维护党的核心和党中央权威是具体的而不是抽象的,只有保持强烈的责任担当,才能真正增强政治意识、大局意识、核心意识、看齐意识,坚定道路自信、理论自信、制度自信、文化自信,真正做到"两个维护"。

---

① 毛泽东文集(第三卷)[M]. 北京:人民出版社,1996:69.
② 邓小平文选(第三卷)[M]. 北京:人民出版社,1993:310.

首要的是维护习近平总书记的核心地位。维护党中央权威和维护习近平总书记的核心地位是统一的。维护习近平总书记的核心地位，就是维护党中央权威；维护党中央权威，首先要维护习近平总书记的核心地位。习近平总书记成为党中央的核心、全党的核心地位，是在新的伟大斗争中形成的。党的十八大以来，以习近平同志为核心的党中央统筹把握中华民族伟大复兴战略全局和世界百年未有之大变局，贯彻党的基本理论、基本路线、基本方略，统揽伟大斗争、伟大工程、伟大事业、伟大梦想，坚持稳中求进工作总基调，出台一系列重大方针政策，推出一系列重大举措，推进一系列重大工作，战胜一系列重大风险挑战，解决了许多长期想解决而没有解决的难题，办成了许多过去想办而没有办成的大事，开创了中国特色社会主义新时代。确立习近平总书记为党中央的核心、全党的核心，是我们党的郑重选择，众望所归、名副其实。《中共中央关于党的百年奋斗重大成就和历史经验的决议》深刻指出："党确立习近平同志党中央的核心、全党的核心地位，确立习近平新时代中国特色社会主义思想的指导地位，反映了全党全军全国各族人民共同心愿，对新时代党和国家事业发展、对推进中华民族伟大复兴历史进程具有决定性意义。"[①]坚定维护习近平总书记党中央的核心、全党的核心地位，全党就有定盘星，中国人民就有主心骨，"中国号"巨轮就有掌舵者。我们要从"决定道路方向，决定事业成败，决定党的兴衰，决定国家和民族的前途命运"的高度，以强烈的责任担当，深刻领会党的二十大精神的核心要义，不断增强拥护核心、跟随核心、捍卫核心的思想自觉、政治自觉、行动自觉，坚定不移地同以习近平同志为

---

① 中共中央关于党的百年奋斗重大成就和历史经验的决议[N].人民日报，2021-11-17(01).

核心的党中央保持高度一致，推动中国特色社会主义事业航船劈波斩浪、胜利前进。

根本的是加强习近平新时代中国特色社会主义思想的武装。维护核心权威，就必须维护理论权威。习近平新时代中国特色社会主义思想是当代中国马克思主义、21世纪马克思主义，是中华文化和中国精神的时代精华，是党和人民实践经验和集体智慧的结晶，是中国特色社会主义理论体系的重要组成部分。党的十九大，把习近平新时代中国特色社会主义思想写入党章。第十一届全国人民代表大会，把习近平新时代中国特色社会主义思想载入宪法。党的十九届六中全会明确"两个确立"。党的二十大报告提出："实践没有止境，理论创新也没有止境。不断谱写马克思主义中国化时代化新篇章，是当代中国共产党人的庄严历史责任。继续推进实践基础上的理论创新，首先要把握好新时代中国特色社会主义思想的世界观和方法论，坚持好、运用好贯穿其中的立场观点方法。"[①]这些都充分表明，习近平新时代中国特色社会主义思想体现党的意志、国家的意志、人民的意志，必须坚持全面系统学、及时跟进学、深入思考学、联系实际学、带着使命学，以强烈的责任担当学懂弄通做实，进一步增进政治认同、思想认同、情感认同，切实做到学、思、用贯通，知、信、行统一。

关键的是深入贯彻习近平总书记和党中央的决策部署。维护党的核心和党中央权威，鲜明体现就是以强烈的责任担当，坚决贯彻落实党的路线方针政策，坚决贯彻习近平总书记和党中央的决策部署。各级党组织和全体党员的首要政治责任和应尽义务，就是要自觉在政治立场、政治方向、

---

① 习近平. 高举中国特色社会主义伟大旗帜　为全面建设社会主义现代化强国而团结奋斗——在中国共产党第二十次全国代表大会上的报告 [M]. 北京：人民出版社，2022：18-19.

政治原则、政治道路、政治言论、政治行为等方面同以习近平同志为核心的党中央保持高度一致,把贯彻党的路线方针政策和党中央决策部署体现到谋划重大战略、制定重大政策、部署重大任务、推进重大工作的实践中去,不断提高执行能力和水平,做到党中央提倡的坚决响应,党中央决定的坚决执行,党中央禁止的坚决不做。

(三)在淬炼对党绝对忠诚品格中做到"两个维护"

对党忠诚,是中国共产党人首要的政治品质,是发挥党的政治优势和组织优势的关键所在。对党越忠诚,就越忠于党的核心、忠于党的信仰、忠于党的事业、忠于党的组织。共产党员只有淬炼唯一的、彻底的、无条件的、不掺任何杂质的、没有任何水分的忠诚,才能真正做到"两个维护"。

强化思想上的绝对忠诚。"对党忠诚、永不叛党"是写在入党誓词里的,是对党员最根本的要求。党在百年奋斗中经历了无数艰险和磨难,但任何困难都没有压垮我们,任何敌人都没能打倒我们,靠的就是千千万万党员的忠诚。一百多年来,从"忠诚印寸心,浩然充两间"的坚毅,到"砍头不要紧,只要主义真"的无畏,从"未惜头颅新故国,甘将热血沃中华"的凛然,到"生是为中国,死是为中国"的笃行,对党忠诚早已融入中国共产党人的血液,成为中国共产党人最鲜亮的底色。新时代建设世界上最强大的马克思主义执政党,更加要求每名共产党员加强党性修养与锻炼,牢记"国之大者",自觉把信党爱党为党体现在"两个维护"上,始终在思想上政治上行动上同以习近平同志为核心的党中央保持高度一致。

强化政治上的绝对忠诚。共产党员只有旗帜鲜明讲政治,不断提高政治判断力、政治领悟力、政治执行力,在任何时候、任何情况下做到政治本色不变、政治立场不移、政治方向不偏,才能真正做到对党绝对忠诚、做到"两个维护"。无论在什么地方、在哪个岗位上工作,都要站稳政治立场,经得起风浪考验,一切行动都以党中央的号令为基本准则,把党中央的重大决策部署和习近平总书记的指示要求精神学深学透,决不允许上有政策、下有对策,决不允许有令不行、有禁不止,决不允许打折扣、搞变通,更不能违背中央大政方针各自为政、自行其是,要始终同以习近平同志为核心的党中央保持高度一致。要以正确的认识、正确的行动坚决做到"两个维护",坚决防止和纠正一切偏离"两个维护"的错误言行,决不允许对党中央阳奉阴违做两面人、搞两面派、搞"伪忠诚"。

强化行动上的绝对忠诚。"知行合一"是检验忠诚的根本标尺,也是做到"两个维护"的根本要求。不能把绝对忠诚说在嘴上、写在纸上、挂在墙上,而要见诸工作中、奋斗中、斗争中,做到"在机遇面前主动出击,不犹豫、不观望;在困难面前迎难而上,不推诿、不逃避;在风险面前积极应对,不畏缩、不躲闪"[1],一切工作都要以贯彻落实党中央决策部署为前提,以实际行动团结带领人民群众共同为实现第二个百年奋斗目标、实现中华民族伟大复兴的中国梦不懈奋斗,始终在行动上同以习近平同志为核心的党中央保持高度一致。

---

[1] 筑牢理想信念根基树立践行正确政绩观 在新时代新征程上留下无悔的奋斗足迹[N]. 人民日报,2022-03-02(01).

（四）在严守纪律规矩中做到"两个维护"

党的纪律规矩是共产党员思想和行为应遵循的准则。党的纪律是为维护党和人民利益、保证全党行动一致而要求党员必须遵守的各项规定，包括政治纪律、组织纪律、廉洁纪律、群众纪律、工作纪律、生活纪律等。党内规矩是党的各级组织和全体党员必须遵守的行为规范和规则，其中党章是总规矩、党纪是硬约束、国法是铁规则。只有严守纪律规矩，才能真正同以习近平同志为核心的党中央保持高度一致，做到"两个维护"。

突出严守政治纪律和政治规矩。党的纪律和规矩是多方面的、有机统一的，其中摆在第一位的是政治纪律和政治规矩。严守政治纪律和政治规矩，首要的是践行"两个维护"；同时也要通过践行"两个维护"，不断提升严守政治纪律和政治规矩的层次水平。重点做到：必须维护党中央权威，决不允许背离党中央要求另搞一套，全党同志特别是各级领导干部在任何时候任何情况下都必须在思想上政治上行动上同党中央保持高度一致，听从党中央指挥，不得阳奉阴违、自行其是，不得对党中央的大政方针说三道四，不得公开发表同中央精神相违背的言论；必须维护党的团结，决不允许在党内培植私人势力，要坚持五湖四海，团结一切忠实于党的同志，团结大多数，不得以人划线，不得搞任何形式的派别活动；必须遵循组织程序，决不允许擅作主张、我行我素，重大问题该请示的请示，该汇报的汇报，不允许超越权限办事，不得先斩后奏；必须服从组织决定，决不允许搞非组织活动，不得跟组织讨价还价，不得违背组织决定，遇到问题要找组织、依靠组织，不得欺骗组织、对抗组织；必须管好亲属和身边工作人员，决不允许他们擅权干政、牟取私利，不得纵容他们影响政策制

强党之问
——怎样建设长期执政的马克思主义政党

定和人事安排、干预正常工作运行，不得默许他们利用特殊身份谋取非法利益。

提高制度执行力。严守纪律和规矩，关键是强化"两个维护"的制度保障，提高制度执行力。要自觉尊崇制度、坚决维护制度、严格执行制度，自觉贯彻加强和维护党中央集中统一领导、中国共产党重大事项请示报告、党中央对重大工作的领导等制度，严格执行中国共产党中央委员会、地方委员会、党组等工作条例，真正把"两个维护"落实到制度规矩、体制机制、工作程序、行为规范当中。要把"两个维护"作为新时代强化监督执纪问责、深化政治巡视和政治监督的根本任务，加强对"两个维护"落实情况的监督检查，坚决查处各种违反党的政治纪律和政治规矩的问题。全体共产党员要强化纪律规矩意识，心存敬畏、手握戒尺，坚持原则、敢于斗争，在大是大非问题上立场坚定、旗帜鲜明、举旗亮剑，勇于同一切弱化党的领导、动摇党的执政基础、损害党的核心和党中央权威、破坏党的团结和集中统一的言行作斗争。

守住拒腐防变防线。严守纪律和规矩，必须拒腐防变，守住践行"两个维护"的防线底线。最紧要的是守住内心，牢记清廉是福、贪欲是祸的道理，经常对照党的理论和路线方针政策、对照党章党规党纪、对照初心使命、对照党中央、习近平总书记的指示要求，正心明道、怀德自重，勤掸"思想尘"、多思"贪欲害"、常破"心中贼"，守住守牢政治关、权力关、交往关、亲情关，从而更好地锤炼对党忠诚的政治品格，树立不负人民的家国情怀，追求高尚纯粹的思想境界，为党和人民事业拼搏奉献，在新时代新征程上留下无悔的奋斗足迹。

"六合同风，九州共贯。"维护党的领袖核心地位和党中央权威，是由无产阶级政党的使命任务和自身建设规律决定的。权威是实现组织目标的必要条件，一个政党形成了领导权威，全党就有了"主心骨"，人民就有了"当家人"。一个政党令行禁止，就有了向心力、凝聚力和团结奋斗的精神力量。迈上新征程、走好新赶考路，我们要更加深刻领悟"两个确立"的决定性意义，坚决维护党中央权威和集中统一领导，坚定不移把"两个确立"转化为坚决做到"两个维护"的思想自觉、政治自觉、行动自觉，在实现中华民族伟大复兴中国梦的新征程中大步前行。

第三章

坚持党要管党、全面从严治党

我们党的一百多年奋斗历史，就是一部坚持党要管党、从严治党，不断以伟大自我革命引领伟大社会革命的历史。一百多年来，我们党坚持性质宗旨，坚定理想信念，坚守初心使命，勇于自我革命，在生死斗争和艰苦奋斗中锤炼出鲜明政治品格，保持了党的先进性和纯洁性，锻造了走在时代前列的马克思主义政党。新时代新征程，必须把全面从严治党向纵深推进，"健全全面从严治党体系"，勇敢面对更加严峻复杂的"四大考验""四大风险"，确保党不变质、不变色、不变味，用自我革命品格建设世界上最强大的政党。

一、全面从严治党：以伟大的自我革命引领伟大的社会革命

"勇于自我革命，是我们党最鲜明的品格，也是我们党最大的优势。"[①] 更是我们党"跳出治乱兴衰历史周期率的第二个答案。"[②] 我们党成立时只有50多名党员，截至2021年底已成为拥有9671.2万名党员、领导着

---

① 习近平. 在党史学习教育动员大会上的讲话 [J]. 求是，2021(7).
② 习近平. 高举中国特色社会主义伟大旗帜　为全面建设社会主义现代化强国而团结奋斗——在中国共产党第二十次全国代表大会上的报告 [M]. 北京：人民出版社，2022：14.

14亿多人口大国、具有重大全球影响力的世界第一大执政党。我们党之所以长盛不衰、不断发展壮大，外靠发展人民民主、接受人民监督，内靠全面从严治党、推进自我革命，战胜一个又一个困难，取得一个又一个胜利。阔步新时代，在推动社会革命的同时进行彻底的自我革命，使党的建设和党领导的事业交相辉映、再创奇迹。

（一）坚持自我革命是党百年奋斗的成功经验

"中国共产党的百年征程，既是一部波澜壮阔的社会革命史，也是一部激浊扬清的自我革命史。"[①]在不断自我革命中淬炼，是我们党始终保持强大生机活力，党领导的事业不断兴旺发展的主要密码所在。

深入推进党的建设伟大工程。从八七会议、古田会议到遵义会议，从延安整风运动到党的七大，我们党注重坚持真理、修正错误，加强思想建党，实施和推进党的建设伟大工程，努力建设全国范围的、广大群众性的、思想上政治上组织上完全巩固的马克思主义政党，使全党在思想上政治上组织上达到空前统一和团结，使中国达到彻底的胜利。我们党充分预见到全国执政时面临的新挑战，党的七届二中全会向全党鲜明提出"两个务必"。我们党以"赶考"之心，开展干部理论学习和知识培训，开展整风整党，加强党内教育，整顿基层党组织，提高党员条件，反对官僚主义、命令主义和贪污浪费，积累了执政党建设的初步经验，胜利完成了社会主义革命，推进了社会主义建设。

[①] 赵乐际.以伟大自我革命引领伟大社会革命[N].人民日报，2012-11-18(03).

深入推进党的建设新的伟大工程。改革开放以来，我们党强调治国必先治党，治党务必从严，聚精会神抓好党的建设，制定关于党内政治生活的若干准则，健全民主集中制，实现党内政治生活正常化；有计划有步骤地进行整党，着力解决党内思想不纯、作风不纯、组织不纯问题；按照"四化"方针加强干部队伍建设，大力选拔中青年干部，促进干部队伍新老交替；围绕如何解决好提高党的领导水平和执政水平、提高拒腐防变和抵御风险能力这两大历史性课题，以执政能力建设和先进性建设为主线，先后就加强党同人民群众联系、加强和改进党的作风建设、加强党的执政能力建设等重大问题作出决定，组织开展"讲学习、讲政治、讲正气"教育、"三个代表"重要思想学习教育活动、保持共产党员先进性教育活动、学习实践科学发展观教育活动等集中性学习教育；把党风廉政建设和反腐败斗争提高到关系党和国家生死存亡的高度，推进惩治和预防腐败体系建设。建设新的伟大工程，加强党的自我革命，有力推动了改革开放这场新的伟大革命。

深入推进新时代党的建设新的伟大工程。党的十八大以来，以习近平同志为核心的党中央把全面从严治党纳入"四个全面"战略布局，作为新时代党的自我革命的伟大实践，推动全面从严治党取得历史性、开创性成就，产生全方位、深层次影响。党中央从制定和落实中央八项规定破题，坚持思想建党和制度治党同向发力，管党治党宽松软状况得到根本扭转，反腐败斗争取得压倒性胜利并全面巩固，消除了党、国家、军队内部存在的严重隐患，党在革命性锻造中更加坚强，党的政治优势和组织优势不断转化为制胜优势。

总之，党一百多年的奋斗历史告诉我们，"要兴党强党，就必须以勇于自我革命精神打造和锤炼自己。只有努力在革故鼎新、守正出新中实现自身跨越,才能不断给党和人民事业注入生机活力"①。

(二)坚持自我革命是党理论创新的重大成果

党的十八大以来,习近平总书记高度关注"建设什么样的长期执政的马克思主义政党、怎样建设长期执政的马克思主义政党"的重大时代课题,继承发展马克思主义建党学说,深刻总结党的历史经验特别是新时代全面从严治党实践经验,形成了以伟大自我革命引领伟大社会革命的战略思想,彰显了中国共产党人的初心使命、政治担当、历史自觉、历史自信。习近平总书记强调:"勇于自我革命,是我们党最鲜明的品格,也是我们党最大的优势。"②"这种能力既是我们党区别于世界上其他政党的显著标志,也是我们党长盛不衰的重要原因所在。"③在党的十九届中央纪委六次全会上,习近平总书记以"六个必须"阐释了党自我革命的"组合拳",内容涵盖政治建设、思想建设、作风建设、反腐败斗争、组织建设、制度建设等多个方面:"必须坚持以党的政治建设为统领,坚守自我革命根本政治方向;必须坚持把思想建设作为党的基础性建设,淬炼自我革命锐利思想武器;必须坚决落实中央八项规定精神、以严明纪律整饬作风,丰富自我

---

① 以解决突出问题为突破口和主抓手 推动党的十八届六中全会精神落到实处[N].人民日报,2017-02-14.

② 习近平.党必须勇于自我革命[M]// 习近平关于"不忘初心、牢记使命"论述摘编.北京:中央文献出版社、党建读物出版社,2019:160.

③ 习近平.党必须勇于自我革命[M]// 习近平关于"不忘初心、牢记使命"论述摘编.北京:中央文献出版社、党建读物出版社,2019:161.

革命有效途径；必须坚持以雷霆之势反腐惩恶，打好自我革命攻坚战、持久战；必须坚持增强党组织政治功能和组织力凝聚力，锻造敢于善于斗争、勇于自我革命的干部队伍；必须坚持构建自我净化、自我完善、自我革新、自我提高的制度规范体系，为推进伟大自我革命提供制度保障。"[1]这一系列重要论述，是党在新时代全面从严治党的理论创造，是习近平新时代中国特色社会主义思想的重要组成部分，是坚持全面从严治党，以伟大自我革命引领伟大社会革命的强大思想武器。这标志着我们党对建设什么样的长期执政的马克思主义政党、怎样建设长期执政的马克思主义政党的规律性认识达到新的高度，为确保党在新时代坚持和发展中国特色社会主义的历史进程中始终成为坚强领导核心指明了前进方向、提供了根本遵循。

（三）坚持自我革命是党开辟未来的根本要求

过去一百多年，我们党领导人民取得一个又一个伟大成就、战胜一个又一个艰难险阻，历经千锤百炼仍朝气蓬勃，在推进伟大自我革命和伟大社会革命中向人民、向历史交出了一份优异的答卷，得到了人民群众支持和拥护，使实现中华民族伟大复兴呈现前所未有的光明前景。尤其是党的十八大以来，以习近平同志为核心的党中央统揽伟大斗争、伟大工程、伟大事业、伟大梦想，开辟了百年大党自我革命的新境界，保证全面建成小康社会目标如期实现，推动全党全国各族人民迈上全面建设社会主义现代化国家新征程。彰显了中国特色社会主义的强大生机活力，党心军心民心

---

[1] 坚持严的主基调不动摇 坚持不懈把全面从严治党向纵深推进[N]. 人民日报，2022-01-19(01).

空前凝聚振奋，为实现中华民族伟大复兴提供了更为完善的制度保证、更为坚实的物质基础、更为主动的精神力量。

现在，我们党团结带领中国人民踏上了实现第二个百年奋斗目标新的赶考之路。必须常怀远虑、居安思危，时刻保持解决大党独有难题的清醒和坚定，勇敢面对党内仍然存在的诸多复杂、严峻的问题，进一步以伟大自我革命引领伟大社会革命，以伟大社会革命促进伟大自我革命，在新时代新征程上展现新气象新作为，确保实现中华民族伟大复兴的伟大梦想。

二、把全面从严治党向纵深推进

"全面建设社会主义现代化国家、全面推进中华民族伟大复兴，关键在党。"①党的十八大以来，针对一度出现管党不力、治党不严问题，党以"打铁必须自身硬"的鲜明态度，提出新时代党的建设总要求，全面推进党的政治建设、思想建设、组织建设、作风建设、纪律建设，把制度建设贯穿其中，深入推进反腐败斗争的建设布局，落实管党治党政治责任，刹住了一些多年未刹住的歪风邪气，解决了许多长期没有解决的顽瘴痼疾，清除了党、国家、军队内部存在的严重隐患，管党治党宽松软状况得到根本扭转，探索出依靠党的自我革命跳出历史周期率的成功路径。十年磨一剑，全面从严治党取得了历史性、开创性成就，产生了全方位、深层次影响，必须长期坚持，把全面从严治党向纵深推进。

---

① 习近平. 高举中国特色社会主义伟大旗帜 为全面建设社会主义现代化强国而团结奋斗——在中国共产党第二十次全国代表大会上的报告 [M]. 北京：人民出版社，2022：63.

（一）坚持和加强党中央集中统一领导

党的政治建设是党的根本性建设，其目标是建设具有崇高政治理想、高尚政治追求、纯洁政治品质、严明政治纪律的马克思主义政党。党的政治建设决定党的建设方向和效果，把政治建设纳入党的建设总体布局并摆在首要和统领地位，明确了政治建设在新时代党的建设中的战略定位，抓住了全面从严治党的根本性问题。党的十八大以来，以保证全党服从中央，维护党中央权威和集中统一领导为首要任务，通过不断加强学习教育、健全制度机制、严格党内政治生活和强化政治巡视等举措，党的政治建设显著加强，保证了"两个维护"和全党的集中统一，保证了新时代中国特色社会主义事业全面推进。习近平总书记反复强调"全面从严治党首先要从政治上看"，"政治问题要从政治上来解决"。① 必须坚守自我革命根本政治方向，把党的政治建设作为永恒课题久久为功地抓下去。

新征程上，要把全面从严治党向纵深推进，就必须强化政治建设的统领作用，把准政治方向，坚持党的政治领导，夯实政治根基，涵养政治生态，防范政治风险，永葆政治本色，提高政治能力。尤其是要把握新发展阶段、贯彻新发展理念、构建新发展格局、推动高质量发展，引导督促党员、干部真正悟透党中央大政方针，时时处处向党中央看齐，扎扎实实贯彻党中央决策部署，不打折扣、不做表面文章，纠正自由主义、本位主义、保护主义，不因一时一地利益而打小算盘、耍小聪明，确保执行不偏向、不变通、不走样。增强党内政治生活政治性、时代性、原则性、战斗性，用好批评

---

① 习近平. 增强推进党的政治建设的自觉性和坚定性 [M]// 习近平谈治国理政（第三卷）. 北京：外文出版社，2020：92.

和自我批评武器，持续净化党内政治生态。

（二）坚持不懈用习近平新时代中国特色社会主义思想凝心铸魂

"用党的创新理论武装全党是党的思想建设的根本任务。"① 党的十九大报告中明确思想建设是党的基础性建设，这一重要论断深刻揭示了思想建设在推进全面从严治党中的基础性地位。新时代以来，我们党把加强党的创新理论武装作为铸魂之本，着眼坚定理想信念，先后开展党的群众路线教育实践活动、"严以修身、严以用权、严以律己，谋事要实、创业要实、做人要实"专题教育、"学党章党规、学系列讲话，做合格党员"学习教育、"不忘初心、牢记使命"主题教育、党史学习教育等专题活动，教育引导广大党员、干部特别是领导干部从思想上正本清源、固本培元，筑牢信仰之基、补足精神之钙、把稳思想之舵，保持共产党人政治本色，挺起共产党人的精神脊梁，坚决防止不信马列信鬼神、不信真理信金钱，坚决反对各种歪曲、篡改、否定马克思主义的错误思想，为坚持全面从严治党，推进党的自我革命发挥了夯基垒台、强基固本的作用。

新征程上，要把全面从严治党向纵深推进，就必须坚持思想建党、理论强党，在学懂弄通做实习近平新时代中国特色社会主义思想上进一步下真功，推动学习教育往深里走、往心里走、往实里走，真正做到学深悟透、融会贯通、真信笃行，巩固全党全国人民团结奋斗的共同思想基础。坚持

---

① 习近平.高举中国特色社会主义伟大旗帜 为全面建设社会主义现代化强国而团结奋斗——在中国共产党第二十次全国代表大会上的报告[M].北京：人民出版社，2022：65.

固本培元，加强主观世界改造，淬炼自我革命锐利思想武器，坚守初心使命、坚定"四个自信"，强化责任担当，汇聚起实现中华民族伟大复兴的磅礴伟力。

（三）以严的基调强化正风肃纪

"党风问题关系执政党的生死存亡"①，是党推进自我革命要牢牢把握的重大问题。党的十八大以来，以习近平同志为核心的党中央从制定和落实中央八项规定破题，坚持从中央政治局做起、从领导干部抓起，发扬钉钉子精神，持之以恒纠治"四风"，加强贯彻执行八项规定的自我查纠、全面监督和政治巡视，同时坚持纪严于法、执纪执法贯通，用好监督执纪"四种形态"，强化政治纪律和组织纪律，带动各项纪律全面严起来，反对特权思想和特权现象，狠刹公款送礼、公款吃喝、公款旅游、奢侈浪费等不正之风，解决群众反映强烈、损害群众利益的突出问题，推进基层减负，倡导勤俭节约、反对铺张浪费，刹住了一些过去被认为不可能刹住的歪风，纠治了一些多年未除的顽瘴痼疾，党风政风和社会风气为之一新。新时代党的作风建设、纪律建设实践，开辟了党自我革命的有效途径。

新征程上，要将全面从严治党向纵深推进，就必须弘扬党的光荣传统和优良作风，促进党员干部特别是领导干部带头深入调查研究，扑下身子干实事、谋实招、求实效。锲而不舍落实中央八项规定精神，抓住"关键少数"以上率下，持续深化纠治"四风"，重点纠治形式主义、官僚主义，

---

① 习近平. 高举中国特色社会主义伟大旗帜 为全面建设社会主义现代化强国而团结奋斗——在中国共产党第二十次全国代表大会上的报告[M]. 北京：人民出版社，2022：68.

坚决破除特权思想和特权行为。把握作风建设地区性、行业性、阶段性特点，抓住普遍发生、反复出现的问题深化整治，推进作风建设常态化长效化。全面加强党的纪律建设，督促领导干部特别是高级领导干部严于律己、严负其责、严管所辖，对违反党纪的问题，发现一起坚决查处一起。坚持党性党风党纪一起抓，从思想上固本培元，提高党性觉悟，增强拒腐防变能力，涵养富贵不能淫、贫贱不能移、威武不能屈的浩然正气。

（四）增强党组织政治功能和组织功能

坚持全面从严治党，推进党的自我革命，最重要的是把党的各级组织和干部、人才队伍搞坚强。党的十八大以来，以习近平同志为核心的党中央，提出和贯彻新时代党的组织路线，全面推进中央和国家机关、地方及基层党组织建设，持续整顿软弱涣散党组织；提出好干部标准，突出政治素质要求，树立正确用人导向，纠正选人用人上的不正之风；坚持党管人才，实行更加积极、更加开放、更加有效的人才政策；坚持依规治党，严格遵守党章，形成比较完善的党内法规体系，严格制度执行，党的建设科学化、制度化、规范化水平明显提高。党的先锋队作用充分发挥、政治本色充分彰显，为坚持和加强党的全面领导、坚持和发展中国特色社会主义提供了坚强组织保证。

新征程上，要将全面从严治党向纵深推进，就必须进一步深入贯彻新时代党的组织路线，全面加强党的组织体系建设，不断强化各级各类党组织的政治属性和政治功能，增强各级各类党组织的组织力和凝聚力。党员要强化党的意识和组织观念，自觉做到思想上认同组织、政治上依靠组织、工作上服从组织、感情上信赖组织。所有党组织和全体党员都必须牢固树立一盘棋意识,在党中央集中统一领导下齐心协力、步调一致开展工作,形成党的组织体系整体合力。要切实锻造敢于善于斗争、勇于自我革命的干部队伍,特别是要加强年轻干部教育管理监督,引导他们筑牢理想信念根基,守住拒腐防变防线,树立和践行正确政绩观,练就过硬本领,发扬担当和斗争精神,贯彻党的群众路线,锤炼对党忠诚的政治品格,树立不负人民的家国情怀,追求高尚纯粹的思想境界,为党和人民事业拼搏奉献,在新时代新征程上留下无悔的奋斗足迹。

(五)用铁的纪律维护党的团结统一

纪律严明是全党统一意志、统一行动、步调一致前进的重要保障,是党内政治生活的重要内容。党的十八大以来,以习近平同志为核心的党中央将纪律建设纳入新时代党的建设总要求和总布局,提出必须严明党的纪律,把纪律挺在前面,用铁的纪律从严治党。坚持纪律面前一律平等,遵守纪律没有特权,执行纪律没有例外。党的各级组织和全体党员必须对党忠诚老实、光明磊落,说老实话、办老实事、做老实人,如实向党反映和报告情况,反对搞两面派、做"两面人",反对弄虚作假、虚报浮夸,反对隐瞒实情、报喜不报忧。领导机关和领导干部不准以任何理由和名义纵容、唆使、暗示或强迫下级说假话。党内不准搞拉拉扯扯、吹吹拍拍、阿谀奉承,对领导人的宣传要实事求是,禁止吹捧。党的各级组织必须担负起执行和维护政治纪律和政治规矩的责任,坚决防止和纠正执行纪律宽松软的问题。新时代党的纪律建设对于增强党的创造力凝聚力战斗力具有不可替代的意义。

新征程上,要将全面从严治党向纵深推进,就必须严把"一个平台"。党内政治生活是党组织教育管理党员和党员进行党性锻炼的主要平台,从严治党必须从党内政治生活严起。严明党纪的重点指向。把纪律和规矩挺在前面,凡是违反党章和党的纪律特别是政治纪律、组织纪律、廉洁纪律、群众纪律、工作纪律和生活纪律的行为,都不能放过,更不能放纵。督促领导干部特别是高级干部严于律己、严负其责、严管所辖,对违反党纪的问题,发现一起坚决查处一起。政治纪律是核心。严明党的纪律,首要的就是严明政治纪律。注重"与法衔接"。构建以党章为根本、若干配套党内法规为支撑的党内法规制度体系,提高党内法规的执行力。

(六)完善党的自我革命制度规范体系

党和国家监督体系是党在长期执政条件下实现自我净化、自我完善、自我革新、自我提高的重要制度保障。党的十八大以来,我们党不断健全党内监督体系,实现党内监督全覆盖;推进国家监察体制改革,推动设立国家监察委员会和地方各级监察委员会,实现对所有行使公权力的公职人员监察全覆盖;坚持以党内监督带动其他监督,构建巡视巡察上下联动格局,构建以党内监督为主导、各类监督贯通协调的机制,加强对权力运行的制约和监督。一系列重大安排、重大成果,开辟了党自我净化、自我完善、自我革新、自我提高的全新境界和有效路径,拓展了中国共产党跳出历史周期率的成功道路。

新征程上,要将全面从严治党向纵深推进,就必须继续完善权力监督制度和执纪执法体系，发挥党委（党组）党内监督的主体责任，突出加强对"关键少数"特别是"一把手"和领导班子的监督；发挥纪检监察机关监督专责机关作用，协助党委全面从严治党，推动党内监督和其他各类监督贯通协同，探索深化贯通协同的有效路径；坚持党管干部原则，强化党组织领导和把关作用，从而使各项监督更加规范、更加有力、更加有效，不断实现党的全面领导和长期执政能力的整体性提升。发挥政治巡视利剑作用，加强巡视整改和成果运用。落实全面从严治党政治责任，用好问责利器。

（七）坚决打赢反腐败斗争攻坚战持久战

腐败是党长期执政的最大威胁，反腐败是一场输不起也决不能输的重大政治斗争，是党推进自我革命的攻坚战、持久战。党的十八大以来，以习近平同志为核心的党中央以猛药去疴、重典治乱的决心，以刮骨疗毒、壮士断腕的勇气，全面深入进行反腐败斗争。从"腐败和反腐败呈胶着状态"到"压倒性态势正在形成""压倒性态势已经形成"，再到"压倒性态势已经形成并巩固发展"，取得胜利并全面巩固，党取得了全面从严治党、推进自我革命的重大成果。但我们必须清醒地认识到，腐败和反腐败较量还在激烈进行，并呈现出一些新的阶段性特征，防范形形色色的利益集团成伙作势、"围猎"腐蚀还任重道远，有效应对腐败手段隐形变异、翻新升级还任重道远，彻底铲除腐败滋生土壤、实现海晏河清还任重道远，清理系统性腐败、化解风险隐患还任重道远。

新征程上，要将全面从严治党向纵深推进，就必须牢记反腐败斗争永远在路上，始终保持清醒头脑，坚持无禁区、全覆盖、零容忍，坚持重遏制、强高压、长震慑，完善一体推进不敢腐、不能腐、不想腐体制机制，深化以案促改，加强廉政文化建设，自觉抵制商品交换原则对党内生活的侵蚀，狠刹权权交易、权钱交易、权色交易等不正之风，破除关系学、厚黑学、官场术等封建糟粕，坚决防止和反对个人主义、分散主义、自由主义、本位主义、好人主义，坚决防止和反对宗派主义、圈子文化、码头文化。党员干部要明大德、守公德、严私德，带头遵守《中国共产党廉洁自律准则》，注重家庭家教家风，自觉做廉洁自律、廉洁用权、廉洁齐家的模范。深化反腐败国际合作，一体构建追逃防逃追赃机制。深化标本兼治，推进反腐败国家立法，使严厉惩治、规范权力、教育引导紧密结合、协调联动，不断取得更多制度性成果和更大治理效能。

三、确保党不变质、不变色、不变味

习近平总书记在庆祝中国共产党成立100周年大会上强调，"牢记打铁必须自身硬的道理，增强全面从严治党永远在路上的政治自觉"，"坚决清除一切损害党的先进性和纯洁性的因素，清除一切侵蚀党的健康肌体的病毒，确保党不变质、不变色、不变味，确保党在新时代坚持和发展中国特色社会主义的历史进程中始终成为坚强领导核心！"[①]《中共中央关于党的百年奋斗重大成就和历史经验的决议》进一步强调了坚持自我革命，确保党不变质、不变色、不变味问题。要建设世界上最强大的政党，必须

---

① 习近平. 在庆祝中国共产党成立100周年大会上的讲话[N]. 人民日报，2021-07-02(01).

始终坚定不移推进党风廉政建设和反腐败斗争,确保党不变质、不变色、不变味,永远立于不败之地。

(一)始终牢记中国共产党是什么、要干什么这个根本问题

中国共产党是中国工人阶级的先锋队,同时是中国人民和中华民族的先锋队,是中国特色社会主义事业的领导核心。一百多年来,中国共产党团结带领中国人民进行的一切奋斗、一切牺牲、一切创造,归结起来就是一个主题:实现中华民族伟大复兴。一代代共产党人矢志不渝、奋斗不息,以"为有牺牲多壮志,敢教日月换新天"的大无畏气概,领导人民创造了举世瞩目的伟大成就。但也应该看到,也有一些党员、干部忘记了中国共产党是什么、要干什么这个根本问题,进而变质、变色、变味,受到党和人民的唾弃。"堡垒最容易从内部被攻破。从某种意义上说,自从党成立以来,我们党面临的最大风险是内部变质、变色、变味,丧失马克思主义政党的政治本色,背离党的宗旨而失去最广大人民支持和拥护。"[①]

只有牢记中国共产党是什么、要干什么,才能牢记党的初心使命、性质宗旨、理想信念和奋斗目标,始终保持党的先进性和纯洁性。要围绕牢记"中国共产党是什么、要干什么"这个根本问题,拓展深化党史学习教育成果,以党的十九届六中全会精神、二十大精神为引领,持之以恒推进党史学习、教育、宣传,建立常态化、长效化制度机制,引导全党坚定历史自信、坚定理想信念,让初心使命在内心深处真正扎根,把忠诚于党和

---

① 习近平.在党史学习教育动员大会上的讲话[J].求是,2021(7).

人民落到行动上，继承弘扬党的光荣传统和优良作风，为党和人民事业赤诚奉献，在学史明理、学史增信、学史崇德、学史力行上取得显著成效，在新的赶考之路上考出好成绩。尤其是对中外政治史上那些安于现状、死于安乐的深刻教训不能忽视漠视；对党的历史上走过的弯路、经历的曲折不能健忘失忆；对自身存在的问题不能反应迟钝，处理绵软，坚决做到把党的自我革命体现在加强党的自身建设和推进党的事业发展的全过程各方面，形成以伟大自我革命引领伟大社会革命的高度自觉。

（二）始终牢记中国共产党举什么旗、走什么路这个重大问题

中国特色社会主义是党和人民历经千辛万苦、付出巨大代价取得的根本成就，是实现中华民族伟大复兴的正确道路。旗帜引领方向，道路决定命运。奋进新时代，我们必须始终高举中国特色社会主义伟大旗帜，坚定不移走好中国特色社会主义道路，推动中国特色社会主义事业航船行稳致远。但也应该看到，当前我国发展面临着前所未有的风险挑战，既有国内的也有国际的，既有政治、经济、文化、社会等领域的也有来自自然界的，既有传统的也有非传统的。尤其是我们党面临的"四大考验"和"四种危险"依然严峻和复杂。

面对新形势新使命，全体党员要始终保持清醒头脑，深刻认识红色政权来之不易、新中国来之不易、中国特色社会主义来之不易，深刻认识中国共产党为什么能、马克思主义为什么行、中国特色社会主义为什么好，坚定"四个自信"，增强历史定力，增强志气、骨气、底气，把革命先烈为之奋斗、为之牺牲的伟大事业奋力推向前进，以"咬定青山不放松"的

执着奋力实现既定目标,以"行百里者半九十"的清醒不懈推进中华民族伟大复兴。

(三)始终牢记中国共产党为谁执政、为谁用权、为谁谋利这个核心问题

党的一百多年历史,就是一部践行党的初心使命的历史,与人民心连心、同呼吸、共命运的历史。红军时期,人民群众就是党和人民军队的铜墙铁壁;抗日战争时期,我们党广泛发动群众,使日本侵略者陷入了人民战争的汪洋大海;淮海战役的胜利是靠老百姓用小车推出来的,渡江战役的胜利是靠老百姓用小船划出来的;社会主义革命和建设的成就是人民群众干出来的;改革开放的历史伟剧是亿万人民群众主演的;中国特色社会主义进入新时代是广大人民群众推动的。党代表中国最广大人民的根本利益,没有任何自己特殊的利益,从来不代表任何利益集团、任何权势团体、任何特权阶层的利益,这是党立于不败之地的根本所在。党的最大政治优势是密切联系群众,党执政后的最大危险是脱离群众。变质、变色、变味,往往是从淡化宗旨意识开始的,是在脱离人民群众甚至侵害人民群众利益中形成的。

面向新征程,全体党员要始终牢记江山就是人民、人民就是江山,要始终牢记人民群众对美好生活的向往就是我们的奋斗目标,坚持人民至上,大力加强作风建设,深入纠治作风方面的问题,真正做到坚持一切为了人民、一切依靠人民,坚持为人民执政、靠人民执政,坚持发展为了人民、发展依靠人民、发展成果由人民共享,坚定不移走全体人民共同富裕道路;

要把对党负责和对人民负责高度统一起来，想问题、作决策、办事情都从人民利益出发，崇尚实干、勤政为民，把精力和心思用在稳增长、促改革、调结构、惠民生、防风险、保稳定上，着力解决人民群众最关心最直接最现实的利益问题，努力让人民群众有更多获得感、幸福感、安全感。

（四）始终牢记中国共产党打什么样的攻坚战、持久战这个关键问题

党的一百多年奋斗历史，就是一部不断防范被瓦解、被腐化的历史，就是不断努力保持先进性和纯洁性的历史。中国共产党自诞生以来，始终高举反腐利剑，剔除党的队伍中的不合格分子。从第一次国共合作时期第一份反腐文件《关于坚决清洗贪污腐化分子的通告》，到土地革命战争时期枪毙生活腐化、以权谋私的谢步升，再到抗日战争时期处决贪污受贿、倒卖粮油的肖玉璧；从中华人民共和国成立初期痛斩曾经的革命功臣刘青山、张子善，到改革开放以来严厉惩处一批蠹虫贪虎，再到党的十八大以来"打虎""猎狐""拍蝇"，查处周永康、薄熙来、徐才厚、郭伯雄、孙政才、令计划、苏荣等严重违纪违法案件，为确保党不变质、不变色、不变味提供了坚强保证。

当今世界，没有其他哪个政党、哪个国家能够像我们这样无禁区、全覆盖、零容忍惩治腐败，归根到底，这是由我们党的性质宗旨、使命任务决定的。全体党员必须牢记反腐败斗争永远在路上，一刻也不能放松，要以抓铁有痕、踏石留印的坚韧和执着，继续打好党风廉政建设和反腐败斗争这场攻坚战、持久战，重点查处不收敛、不收手顶风违纪违法，群众反

映强烈、问题线索反映集中，政治问题和经济问题交织的腐败案件，严肃查处违反中央八项规定精神的问题，以拒腐防变的成果，旗帜鲜明地宣示党不变质、不变色、不变味的坚定意志。

（五）始终牢记中国共产党弘扬什么样的精神、保持什么样的状态这个重要问题

历史和现实充分证明，世界上没有哪个党像我们党这样，遇到过如此多的艰难险阻，经历过如此多的生死考验，付出过如此多的惨烈牺牲。在百年非凡奋斗历程中一代又一代中国共产党人顽强拼搏、不懈奋斗，涌现了许许多多视死如归的革命烈士、顽强奋斗的英雄人物、忘我奉献的先进模范，形成了以建党精神为源头，由井冈山精神、长征精神、遵义会议精神、延安精神、西柏坡精神、红岩精神、抗美援朝精神、"两弹一星"精神、特区精神、抗洪精神、抗震救灾精神、抗疫精神等伟大精神构成的中国共产党人的精神谱系。我们党之所以历经百年而风华正茂、饱经磨难而生生不息，就是凭着那么一股革命加拼命的强大精神。但也要清醒看到现实，我们党长期执政，党员干部中容易出现承平日久、精神懈怠的心态。有的做"安稳官、太平官"；有的不思进取、庸政懒政混日子；有的患得患失、不敢担当却贪图名利、享受；有的习惯当"传声筒""中转站"，遇到困难绕着走、碰到难题往上交，缺乏攻坚克难的锐气和斗志。这些现象如果不根除，变质、变色、变味就成为必然。

建设世界上最强大的政党，必须发扬将革命进行到底的精神，大力发扬红色传统、传承红色基因，赓续共产党人精神血脉，始终保持革命者的大无畏奋斗精神，始终保持冲锋姿态，勿忘昨天的苦难辉煌，无愧今天的使命担当，不负明天的伟大梦想，鼓起迈进新征程、奋进新时代的精气神。

"逆水行舟用力撑，一篙松劲退千寻。"党的十八大以来，系统性、整体性、全面性、创新性从严治党理论体系加速构建，突破了从严治党曾存在的"单点化""零散化""口号化"等弊端，也为未来更深层次践行全面从严治党提供了方向引领和理论指导。我们要拿出恒心和韧劲，继续在常和长、严和实、深和细上下功夫，管出习惯、抓出成效。一切事物的发展变化都离不开时间和空间，全面从严治党也离不开时间和空间，我们无法超越或者改变时间和空间，但我们却可以雕刻自我，革新自我，升华自我，做一个坚定者、搏击者、奉献者，时间会成为我们光荣与梦想的见证。

第四章

以党的政治建设为统领

旗帜鲜明讲政治是马克思主义政党的根本要求，党的十九大提出的新时代党的建设总要求强调，把党的政治建设摆在首位，用党的政治建设统领新时代党的建设伟大工程。习近平总书记强调："加强党的政治建设，严明政治纪律和政治规矩，落实各级党委（党组）主体责任，提高各级党组织和党员干部政治判断力、政治领悟力、政治执行力。"①新时代新征程，我们要以提高政治站位、发展全过程人民民主、提高政治能力坚持党的政治领导、夯实党的政治根基、涵养党的政治生态、防范党的政治风险、永葆党的政治本色，为把我们党建设成为世界上最强大的政党提供重要保证。

一、提高政治站位，切实把政治建设摆在首位

党的政治建设的首要任务是保证全党服从中央，坚持党中央权威和集中统一领导。具体到每一名党员，就是深刻领悟"两个确立"的决定性意义，增强"四个意识"，坚定"四个自信"，做到"两个维护"，把维护习近平总书记党中央的核心、全党的核心地位作为最高政治准则、行为法则、干事规则、立身原则，在政治立场、政治方向、政治原则、政治道路上同

---

① 习近平. 高举中国特色社会主义伟大旗帜　为全面建设社会主义现代化强国而团结奋斗——在中国共产党第二十次全国代表大会上的报告 [M]. 北京：人民出版社，2022：64.

以习近平同志为核心的党中央保持高度一致。这是党的政治建设最根本的政治要求，也是每名党员应有的政治站位。

（一）找准政治站位，始终牢记初心使命

找准站位。从建党伊始，我们党就明确了"为了谁、依靠谁"。辛亥革命后，中国民族资产阶级力量得到比较迅速的发展，与此紧密相连的是工人阶级随着民族资本主义的发展也逐渐壮大。中国工人阶级的壮大与发展催生了近代中国新生力量作为革命阶级推进中国革命的历史进程。受"三座大山"压迫的工人阶级相较于其他力量具有人数少、年龄低、文化水平差等劣势，但其彻底的革命性是资产阶级所不具有的，在中国半殖民地半封建的社会土壤上，工人阶级必将成为革命的基本动力。尽管中国革命前期存在理论准备不充分的问题，但先进的革命阶级一旦领悟马克思主义信仰精髓，掌握马克思主义基本理论后，便以此为指导，积极投身到革命队伍的发展中去。五四运动中，革命知识分子亲眼看到工人阶级展现出的巨大力量，了解到工人阶级被帝国主义势力、官僚资本主义和封建地主阶级极度剥削、过着水深火热的生活现状。陈独秀、邓中夏主动联络工人，进行革命宣传，发动群众组织力量，积极在工人阶级队伍中传播马克思主义理论。先进的革命知识分子与工人阶级结合的过程使得工人阶级提升了阶级觉悟，团结起来应对各种力量的剥削压迫，建立代表广大工人阶级政党的历史任务亟须提上议事日程，中国共产党便应运而生。1921年7月，中共一大规定党的纲领是"以无产阶级革命军队推翻资产阶级"，"采用无产阶级专政以达到阶级斗争的目的——消灭阶级"，

"废除资本私有制"。① 中国共产党自建党伊始便找准了"为了谁、依靠谁"的政治站位问题，带领中国人民把革命、建设、改革、复兴事业不断推向前进。

始终坚持人民立场。我们党来源于民、植根于民，为民而生，因民而兴。人民就是我们党的根与源。共产党打江山、守江山，打的是人民的江山，守的是人民的心，始终保持党同人民群众的血肉联系，深入人民群众的生活中去，时刻同人民群众坐在一起、想在一起、干在一起，把准民之所想，知晓民之所向。因此，党员干部深入一线，时刻牢记自己的"身份"，摆正自己的"位置"，端正自己的"态度"，在群众中起到响应国家号召、投身国家建设的引领作用，真正将"意莫高于爱民，行莫厚于乐民"的为民意识，"为官一任，造福一方"的责任意识内化于心、化践于行。时刻聚焦群众的安危冷暖，不断解决群众的急难愁盼。

"水能载舟，亦能覆舟。"若是人民至上的政治站位无法立起或是未能察觉，便要承受惨痛的代价，苏联解体便是最好的历史教训。1991年苏联解体，在三十余年后的今天，关于苏联解体的经验教训对于为民而生的中国共产党人仍具有极为重要的警示意义。戈尔巴乔夫时期，苏联共产党在加强自我建设时，不是通过走群众路线来知民心、引方向，而是与马克思列宁主义相违背，以西方思想理论来领导党的建设发展，戈尔巴乔夫认为"民主化是改革的决定性条件"，"主要的事情是民主化"。② 由于失去了民心民意，1990年年底，各共和国的苏联共产党都已经逐渐分崩离析。

---

① 刘宝东. 百年大党是怎样炼成的 [M]. 北京：人民出版社，2021：2.
② 肖德甫. 世纪悲歌 苏联共产党执政失败的前前后后 [M]. 北京：中央编译出版社，2016：144.

知民心者，才能找准方向；向民心者，才能站稳步伐。我们党的根本宗旨——全心全意为人民服务从来都不是一句空话。历史和现实均已表明，是否站稳人民立场决定了一个政权和一个政党的前途命运，这是一切政治站位的基础，更是考验。我们讲为中国人民谋幸福，为中华民族谋复兴，为世界谋大同，下沉到每一名共产党员，就是尽己所能，服务百姓、服务社会、服务国家，造福世界人民。

（二）提高政治站位，经得起各种风浪考验

找准政治站位不一定能站正政治站位，前者是一个认识问题，后者是一个实践问题。站正政治站位并非与生俱来，亦非短期内就能形成，而是需要在长期的政治理论学习中锤炼，在不忘初心、牢记使命的实践中历练，在严肃的党内政治生活中磨炼。现实中，有的党员干部找准政治站位后始终"重心"不稳，有的受本位主义束缚，大局意识淡薄，总是喜欢站在自己的"一亩三分地"里打圈圈、做勾兑；有的受形式主义影响，政治底色虚化，搞选择性执行，低层次站位，搞面子工程，做表面文章；有的受个人主义羁绊，好事当先只想自己，有利当前只顾自己；等等。站正政治站位是全方位、多角度、立体化的。要在增强政治立场的坚定性中"把正"，特别是要在大是大非问题上始终保持头脑清醒，态度坚决，不搞"伪忠诚"，不做"两面派"，切不可在政治方向上走岔了、走偏了；要在拓展境界情怀的宽广性中"归正"，处处讲格局，事事顾大局，渐入"我将无我"的佳境；要在敬畏规章制度的权威性中"校正"，强化党章意识，自觉接受监督，做到心有所畏、言有所戒、行有所止，以此不断站正政治站位。

要经得起政治风浪的考验。革命战争年代，加入党组织意味着担负艰巨危险的工作，通俗地讲，是提着脑袋入党。当前，党员队伍主体正在向从未经受政治风浪考验、战火硝烟洗礼、艰苦生活磨砺的"和平骄子"转变，理想信念不坚定、价值取向不端正逐渐增多。

苏联共产党在拥有20多万党员的时候推翻了沙皇封建统治，在拥有约35万名党员的时候夺取了十月革命的胜利，在拥有200万党员的时候打败了德国法西斯，然而在拥有近2000万名党员的时候却丧失了执政地位，苏联这个共产党执政70多年的社会主义大国，在没有外敌入侵的情况下顷刻之间被颠覆解体。①苏联解体的原因固然是复杂的，但究其党员层面的原因，就是个人思想被反动思潮严重侵蚀，面对损害党的领导问题时不闻不问，甚至随声附和，个别党员甚至将撕毁党员证作为"时髦"的表现。作为党和人民柱石的苏联军队本应在国家危难之时"挽狂澜于既倒，扶大厦于将倾"，却在政治风浪面前与苏联共产党离心离德，眼睁睁地看着苏联解体。在苏联解体30年后的2021年，俄罗斯舆论研究中心公布的最新民调显示，多数俄罗斯人怀念苏联，对苏联时代保有感情，近三分之二的俄罗斯人对苏联解体感到遗憾，近一半的受访者表示他们"更喜欢苏联的政治制度"。苏共党员和苏联军队没有经得起政治风浪的考验，辜负了人民的信任，更伤害了国家和人民。

经得起关键时刻的考验。革命战争年代，共产党员带队冲锋，喊的是"同志们，跟我上！"一句"跟我上"，充分体现了共产党员关键时刻挺身而出、勇于担当、敢于奉献、甘于牺牲的崇高品格。正是因为我们党有一大批关

---

① 辛鸣.理想信念：百年大党砥砺前行的不竭动力[EB/OL].党建网，2021-07-19.

键时刻经得起考验的优秀党员高喊"跟我上",我们党才能领导人民战胜一个又一个艰难险阻,取得一个又一个伟大胜利。

"疾风知劲草,烈火见真金。"抗击新冠肺炎疫情是一场严峻的斗争。关键时刻,广大党员干部站出来、顶上去,积极投身防控疫情第一线,在斗争中经受住考验。我军坚决贯彻党中央决策部署,牢记军队宗旨,闻令而动,勇挑重担,敢打硬仗,许多党员主动请缨,到最前线去与病魔搏斗。"跟我来""我请战"成了人民子弟兵最响亮的口号,寥寥数语、简短几字诠释了共产党人的使命担当。疫情防控斗争是人民军队践行初心使命、体现责任担当的试金石。防控任务哪里最艰巨,哪里就有军人的身影。面对疫情不畏艰险、迎难而上、勇挑重担的实际行动,是人民子弟兵守初心担使命最生动的写照。

经得起个人得失的考验。作为党员干部,在工作中要不怕困难,艰苦奋斗,敢担当、敢作为,将永远奋斗的精神落实到自己的工作岗位上。要多点奉献、少些抱怨,能吃苦肯吃亏,不计较个人得失,涵养甘为人梯的品德,自觉主动地把"苦"揽过来,把"甜"留给别人,时时事事处处带头,不遗余力地为集体干实事、办好事。

开国大将黄克诚"九起九落",1925年加入中国共产党,是不折不扣的党内元老。在他60多年的党员生涯中,先后9次被错误批判、降职,受到迫害。面对这一切,他丝毫没有动摇对党的感情和忠诚,从未埋怨党。解放军总医院的百岁军医苏鸿熙,当年从海外辗转回国,"为的是马列"。回国后干的第一件事是写入党申请,但他自认为没做什么贡献,"入党条件还不够",又锁进了抽屉。刘伯承同志赠给他的党徽,他珍藏了60多年。在99岁高龄时,"怕时间不多了,'走时'还不是党员",在138名老党员见证下，郑重宣誓入党。

（三）提升政治站位，不断强化责任担当

《中共中央关于加强党的政治建设的意见》中要求每一名党员"坚持党性和人民性相统一，坚决站稳党性立场和人民立场。要坚持以党的旗帜为旗帜、以党的方向为方向、以党的意志为意志"，"任何时候都同党同心同德。要坚持以人民为中心，立党为公、执政为民，践行全心全意为人民服务的根本宗旨，树立真挚的人民情怀，把人民放在心中最高位置"。①

对党员干部来讲，如果政治站位不高，党员领导干部的眼界和高度就会受到影响，心胸就会变得狭隘，从本心出发，个人利益将会高于集体利益，在无形中失去了人民立场与党性原则，全局观念与大局意识就会逐渐丧失，就不能站在党和国家大局的层面来思考问题，不能自觉地把自己的本职工作当成中国特色社会主义伟大事业的一部分，就会在思想和行动上大打折扣，对党中央制定的大政方针不能从全局上理解，仅仅是拘泥于自己的一亩三分地，政治上的坚定性、敏锐性、全局性、鉴别力、执行力都将不复存在。

要以高度的政治自觉抓好工作落实。维护核心、看齐追随，是党的建设的重要政治任务。朱德同志在动乱年代认识到唯有马克思主义能救中国后，在上海会见陈独秀提出入党申请，被拒绝之后，不远万里前往法国寻找党组织。1922年10月，在德国柏林，朱德向周恩来倾诉了自己的革命

---

① 中共中央关于加强党的政治建设的意见 [N]. 人民日报，2019-02-28(01).

志向，并强烈地表达了加入中国共产党的愿望。周恩来敏锐地判断出这是一位志同道合的战友，当即答应帮助朱德办理加入党在柏林支部的手续。由此，二人结下了深厚的革命情谊。正是确信唯有共产党能带领军队走向胜利，带领人民走向胜利，朱德同志才万里寻党，成就一段佳话。

要以严肃的自我革命纠治作风积弊。切实在纠治作风积弊上聚焦发力，真正打通正风肃纪反腐"最后一公里"，切实将风气建设问题"清零起底"。可以说，反腐败斗争是攻坚战，也是持久战。倘若反腐败的决心动摇或者反腐败斗争松劲、歇脚或停步，那么反腐败斗争取得的成果有可能得而复失，反腐败斗争的形势也可能发生新的不利变化。

要以严格的执纪问责压实政治责任。纪律标尺越卡越紧、执纪问责越究越深、责任链条越压越实，是党的十九大后党中央管党治党的总基调，要牢牢把握全面从严治党这条主线，抓好严肃党内政治生活、强化党内监督、加强纪律建设、持续改进作风、严厉惩治腐败、落实管党治党责任六项重点任务，用主线引领重点、用重点支撑主线，实现国家长治久安。

二、发展全过程人民民主

2019年11月2日，习近平总书记在上海市考察时强调："人民民主是一种全过程的民主，所有的重大立法决策都是依照程序、经过民主酝酿，通过科学决策、民主决策产生的。"[①]"全过程人民民主"深刻揭示了是

---

① 把全过程人民民主贯穿立法全过程 [EB/OL]. 新华网 (2021-08-31), http://www.xinhuanet.com/politics/2021-08/31/c_1127811861.htm.

社会主义民主政治的根本属性，是"最广泛、最真实、最管用的民主"①。必须坚定不移走中国特色社会主义政治发展道路，坚持党的领导、人民当家作主、依法治国有机统一，坚持人民主体地位，充分体现人民意志，保障人民权益，激发人民创造活力。

人民代表大会制度、政治协商制度、基层群众自治制度等各项制度是实现我国全过程人民民主的重要制度载体。人民当家作主，具体地、现实地体现在党治国理政的政策措施上；具体地、现实地体现在党和国家机关各个方面各个层级的工作上；具体地、现实地体现在实现人民对美好生活向往的工作上。民主的阳光照耀中华大地，中国人民享有广泛充分、真实具体、有效管用的民主。

（一）以人民为中心

习近平总书记指出："践行以人民为中心的发展思想，发展全过程人民民主，维护社会公平正义，着力解决发展不平衡不充分问题和人民群众急难愁盼问题，推动人的全面发展、全体人民共同富裕取得更为明显的实质性进展！"②

我国全过程人民民主是最广泛、最真实、最管用的社会主义民主。"全"彰显了中国式民主的本质特质。以美国为代表的西方民主从"选举民主"慢慢转变为"竞选性民主"，西方民主的不断"窄化"，其本质原因是政

---

① 习近平. 高举中国特色社会主义伟大旗帜　为全面建设社会主义现代化强国而团结奋斗——在中国共产党第二十次全国代表大会上的报告[M]. 北京：人民出版社，2022：37.
② 习近平. 在庆祝中国共产党成立100周年大会上的讲话[N]. 人民日报，2021-07-02(02).

府的诸多政策更多的是代表富人阶级的利益，国家中底层人民不能完完全全地参与其中。而中国式民主发展的是全方位、全范围、全领域、全过程的民主，是最切实实际、接近民生、反馈民情的社会主义民主。

人民民主的主体要"全"，必须将"全体人民"都纳入民主过程中去，不分民族、性别、职业、宗教信仰、家庭财产、教育程度等诸多因素，全体人民都能切实参与民主实践，其中特别注重解决弱势群体、边缘群体参与民主的体制机制问题。

人民民主参与的内容要"全"，全过程人民民主要体现在政治生活中的方方面面，"从各层次各领域扩大人民有序政治参与，使各方面制度和国家治理更好体现人民意志、保障人民权益、激发人民创造"，人民能真正参与到国家政治生活的方方面面，从国家立法、发展方向、政策实施到邻里间的鸡毛蒜皮小事等，都可以通过民主的方式来加以解决。

人民民主覆盖的范围要"全"，构建完整的民主体系、实现广泛多层化发展的要求，从立法行政到社会生活，从中央到地方再到基层，都需要建立民主选举、民主决策、民主管理和民主监督的民主制度。事实证明，全过程人民民主要立足中国国情，植根中国大地，贯穿经济、社会、文化、政治的各个领域、各个方面、各个环节，才能发挥出最大的制度优越性。

人民民主的流程要"全"，通过人民代表大会制度、政治协商制度、基层群众自治制度等各项制度来保障广大人民行使民主权利，使人民充分享有知情权、参与权、表达权、监督权，保障人民依法实行民主选举、民主协商、民主决策、民主管理、民主监督，保障各个流程完善、有序、高效进行。

中国共产党领导人民实行人民民主，就是支持和保证人民当家做主，这句话不是一句口号更不是一句空话，而是要真正落实到国家的政治生活和社会生活之中。民主不是用来做摆设的装饰品,是要用来解决人民的问题的。人民代表来自人民、代表人民,人民代表是践行全过程人民民主的重要纽带。人民代表通过履行代表职责,对于一时难以解决的问题,给予正面引导和解释;对于带有普遍性的问题,依法提出议案和建议,推动从法律、政策层面予以解决。

(二)一切为了人民

习近平总书记指出:"中国共产党根基在人民、血脉在人民、力量在人民。中国共产党始终代表最广大人民根本利益,与人民休戚与共、生死相依,没有任何自己特殊的利益,从来不代表任何利益集团、任何权势团体、任何特权阶层的利益。"[1]中国共产党成立之初就将人民利益摆在首位,与人民同呼吸、共命运,维护人民利益,保障人民权益,使人民民主发展得更加广泛、充分、健全。

评价一个国家的政治制度是否真的民主,主要看人民是否能真正做到依法参与国家社会、经济、文化等多方面的建设中去,看人民的利益诉求能否得到畅通表达和有效解决,看人民是否能真正通过公平竞争进入国家的领导机构和管理体系中去,使得权力运行按照司法机构、宪法法律顺畅进行等。西方式民主虽然也标榜"人民主权",但是在实际过程中,由于其基本运作逻辑是不同利益集团之间的博弈,弱势群体和边缘群体的政治社会权利难以得到保障,不仅自己参与无门,而且代表他们利益的主张也

---

[1] 习近平. 在庆祝中国共产党成立100周年大会上的讲话[N]. 人民日报,2021-07-02(02).

很难进入政策议程，更难以变成实际的政策；即使变成了政策，也很难得到有效执行。[①]不同于西方民主的精英至上，中国民主遵循的是人民至上。人民当家作主是中国民主的本质和核心。人民民主不是高居庙堂的高谈阔论，而是食人间烟火的问政于民、问需于民、造福于民，切实将知情权、参与权、表达权、监督权等各项权利落实到人民生活的方方面面。人民代表大会制度是坚持党的领导、人民当家作主、依法治国有机统一的根本政治制度，是实现我国全过程人民民主的重要制度载体，是保障人民能有效行使各项权利，广泛吸取民意、汇聚民智、反映民声的重要平台。在人民民主的不断探索和实践中，我们不断完善、改进、实现人民民主和国家意志、过程民主和成果民主、直接民主和间接民主、程序民主和实质民主相统一。

在全面建设社会主义现代化国家的新征程上，在新的赶考之路上，必须始终将发展全过程人民民主贯穿全局，把人民当家作主真正体现到党治国理政的方针政策上来，为实现中华民族的伟大复兴筑牢民主基石。

（三）一切依靠人民

习近平总书记指出："评价一个国家政治制度是不是民主的、有效的，主要看国家领导层能否依法有序更替，全体人民能否依法管理国家事务和社会事务、管理经济和文化事业，人民群众能否畅通表达利益要求，社会各方面能否有效参与国家政治生活，国家决策能否实现科学化、民主化，各方面人才能否通过公平竞争进入国家领导和管理体系，执政党能否依

---

① 谈火生."全过程人民民主"的深刻内涵[N].人民政协报，2021-09-29(08).

照宪法法律规定实现对国家事务的领导,权力运用能否得到有效制约和监督。"①人民民主是一种全过程的民主,所有的立法决策都经过人民讨论,接受人民监督,必须依照程序,经过民主酝酿,通过科学决策、民主决策产生。

人民民主的过程是一个共同治理的过程,重大决策的产生都要经过民意征集、民主酝酿,广泛听取意见,通过科学论证、民主决策这样的环节,而且它们是环环相扣的。各层级意见建议尤其是基层民意,经过听证、函询、座谈、网络问政等多种方式被广泛纳入决策程序中。共同治理追求的是共识,在国家、人民根本利益不动摇的前提下,强调获得最大公约数,强调共同合作、一起建设,强调一切成果由人民共享。

全过程的人民民主,能够真正凝聚起人民的智慧与力量。当所有动力方向一致时,国家这个机器才能正确地运转。《中共中央关于制定国民经济和社会发展第十四个五年规划和二〇三五年远景目标的建议》起草的过程,就是一个发扬民主、群策群力、博采众议的过程。在这个事关国家未来发展的重大远景规划设计的起草过程中,习近平总书记亲自指挥谋划,起草组成员多次赴地方调研考察,并且首次通过互联网向全社会征求意见建议。2021年全国"两会"上,代表委员认真审查讨论规划纲要草案。最终,代表委员在吸收各方面意见和建议基础上对规划纲要草案作出55处修改,十三届全国人大四次会议表决通过关于"十四五"规划和2035年远景目标纲要的决议。这些事实就是全过程人民民主在中国发挥作用的真实写照。

---

① 习近平. 在庆祝全国人民代表大会成立六十周年大会上的讲话[J]. 求是,2019(18).

三、提高政治能力，坚决治理"七个有之"的问题

习近平总书记指出有一些人无视党的政治纪律和政治规矩，为了自己的私欲大搞"七个有之"："搞任人唯亲、排斥异己的有之，搞团团伙伙、拉帮结派的有之，搞匿名诬告、制造谣言的有之，搞收买人心、拉动选票的有之，搞封官许愿、弹冠相庆的有之，搞自行其是、阳奉阴违的有之，搞尾大不掉、妄议中央的也有之。"[1]"七个有之"严重损害党和国家的利益，破坏党员干部的形象，同时也扰乱政治生态，造成腐败、不作为、乱作为甚至胡作非为的现象。

"七个有之"条条违反政治纪律，而政治纪律一旦突破，其他纪律往往"全线失守"，突出的表现是违反政治纪律之后会相继出现经济问题、作风问题，搞任人唯亲，势必出现权钱交易、利益输送；搞团团伙伙，必定出现买官卖官、带病提拔现象；等等。我们必须对"七个有之"保持高度警惕，深刻认识其严重危害，切实提高政治能力，增强防范和杜绝"七个有之"的政治自觉和政治担当。

（一）提高政治能力，杜绝"任人唯亲、排斥异己"

古往今来，任人唯亲而不唯贤造成的历史教训数不胜数。如今个别领导干部不以才能作为任用人才的标准，反而依据亲疏关系、远近关系进行

---

[1] 习近平. 严守政治纪律和政治规矩 [M]// 论坚持党对一切工作的领导. 北京：中央文献出版社，2019：80.

干部任用。北京市同仁堂（集团）有限公司原总经理高振坤在干部选拔任用上任人唯亲、拉帮结伙，培植个人势力，利用职权为亲属谋利，最终被开除党籍、公职并移送司法机关。高振坤无视政治纪律和政治规矩，将自己的人生毁于个人私欲，更把同仁堂政治生态搞得乌烟瘴气，选人用人的制度被破坏。

一名合格的共产党员在任何时候任何情况下都必须在思想上政治上行动上与党中央保持高度一致，围绕大局正确处理好局部与全局、目前与长远、个人与集体的关系，要讲政治、顾大局，明辨是非，不计个人得失，不谋个人私利、全心全意为人民服务。党员干部提高政治能力，杜绝"任人唯亲、排斥异己"，关键要把党管干部原则贯穿干部选拔任用全过程。在推荐环节，要准确掌握好干部工作的方针政策，合理确定民主推荐范围。在考察环节，注重全方位深入考察干部，综合了解考察对象的工作实绩和德才表现。在酝酿环节，综合考虑人选推荐结果和平时掌握的情况，集体研究确定拟任职人选。①唯有严格执行干部任用制度规定，才能营造风清气正的选人用人环境，锻造一支忠诚、干净、担当的高素质干部队伍。

（二）提高政治能力，杜绝"团团伙伙、拉帮结派"

纵观古代，各朝代衰亡更替，多源于朝中大臣之间的党争。东汉末年外戚同宦官之争持续百年，造成东汉王朝的衰落与分崩离析。明朝末年，大臣们为了维护自己的利益结党营私，他们或者以地域为帮派，或者以某

---

① 李玉妹. 坚持党管干部原则 切实发挥党组织的领导把关作用 [N]. 中国组织人事报, 2013-07-29(01).

个人为中心，致使执行政令不顾国家安危，只看党派利益。党争误国在历朝历代都有血淋淋的教训，而党争多起源于最初的团团伙伙、拉帮结派，最终为了小团体的利益，祸害朝政，危害社稷，置百姓疾苦于不顾，最终导致一个朝代的衰败更替。

在党中央持续正风反腐的高压态势下，甘肃省人民政府原副省长虞海燕肆意妄为，对外宣称要推进工作，大力培养年轻的干部，找了141名副县级后备干部进行培训，其实是对这些年轻干部进行对其个人的"忠诚教育"。这些年轻干部被要求对虞海燕个人忠诚，要在思想和行动上与虞海燕保持一致。这些接受虞海燕安排成功升官发财的人，背地里为虞海燕做了不少坏事，也成了虞海燕培养的个人势力。巡视组在对虞海燕提拔的这些干部进行调查后发现，其中有很大一部分都不符合任用条件。虞海燕在得知自己要被调查前夕与同伙串供，企图对抗组织审查，做垂死挣扎，最终受到了党纪国法的严惩，其团团伙伙的成员全部给予党纪政务处分和组织处理。

一名合格的共产党员要树立正确的"权力观、地位观、利益观"，时刻记得自己是党组织的人，在任何时候都和党组织同心同德，不断提高明辨是非和经受考验的能力，永远不被拉进小团伙。党员干部提高政治能力，杜绝"团团伙伙、拉帮结派"，关键是增强政治定力。唯有矢志不渝跟党走，才能"不畏浮云遮望眼，乱云飞渡仍从容"，铸就坚守政治信仰的钢筋铁骨和铜墙铁壁，炼就"金刚不坏之身"，不为歪风所扰，不为暗流所动，不为利益所俘，做共产主义远大理想和中国特色社会主义共同理想的坚定信仰者、忠实实践者。

（三）提高政治能力，杜绝"匿名诬告、制造谣言"

诽谤诬陷到底有多可怕？东汉王充在《论衡》中写道："君子不畏虎，独畏谗夫之口。"诽谤诬陷的"谗夫"，猛于山中之猛虎。南宋时期抗金名将岳飞遭受秦桧等人诬陷入狱，以莫须有的罪名，与长子、部将一同遇害。明朝政治家于谦，面对军事精锐都已失陷土木堡的危局，挽救国家于危难，却被奸臣徐有贞诬告谋反遭处斩。诬告伤害了国家栋梁之材，可谓自毁国门，危害巨大，祸害尤深。

匿名举报本是国家监督、威慑不法分子的强有力手段，却被一些别有用心的人恶意利用，诬告、陷害与自己利益有冲突的对手、同事甚至是上级领导。这种匿名诬告、制造谣言本质上是对法制尊严的践踏，是为个人私利而不择手段。呼伦贝尔市某直属事业单位原正科级干部张某通过匿名举报、一信多投方式，恶意捏造、诬告他人，其中厅局级、县处级领导干部和一般公职人员达29人，2013年至2019年7年时间里面，累计寄发数百件匿名诬告信，造成呼伦贝尔市人力资源的浪费，对领导干部的形象造成了不可弥补的损害。

一名合格的共产党员必须是"一个高尚的人，一个纯粹的人，一个有道德的人，一个脱离了低级趣味的人，一个有益于人民的人"①，在困难和挫折面前不畏惧不气馁，在取得成绩时不骄傲不炫耀，得意淡然，失意泰然。党员干部提高政治能力，杜绝匿名诬告、制造谣言，必须注意保护那些敢于负责、敢于担当作为的干部，对那些受到诬告陷害的干部及时予以澄清，

---

① 毛泽东选集（第2卷）[M]. 北京：人民出版社，1991：660.

同时追究诬告者的责任。

《中国共产党纪律处分条例》第五十二条对匿名诬告、有意陷害行为及其适用的处分种类和幅度作了明确规定："制造、散布、传播政治谣言，破坏党的团结统一的，给予警告或者严重警告处分；情节较重的，给予撤销党内职务或者留党察看处分；情节严重的，给予开除党籍处分。政治品行恶劣，匿名诬告，有意陷害或者制造其他谣言，造成损害或者不良影响的，依照前款规定处理。"①向诬告陷害者亮剑，为实干者正名撑腰，才能形成激浊扬清、干事创业的良好政治生态。

（四）提高政治能力，杜绝"收买人心、拉动选票"

古语道："得民心者得天下。"中国共产党得民心，靠的是坚持人民至上，密切联系群众。共产党员得民心，靠的是为人民做好事、办实事、解难事，以诚心换民心。如果为了个人利益收买人心，甚至损害集体的利益，那就是违反党纪国法。《中国共产党纪律处分条例》第七十五条规定："在民主推荐、民主测评、组织考察和党内选举中搞拉票、助选等非组织活动的，给予警告或者严重警告处分；情节较重的，给予撤销党内职务或者留党察看处分；情节严重的，给予开除党籍处分。搞有组织的拉票贿选，或者用公款拉票贿选的，从重或者加重处分。"②

你投我选票，我给你银票。在2017年被"双开"的重庆市工商联原副主席杨钟馗，为能从巴南区委副书记位子上"进步"，私下赶在市委换

---

① 中国共产党纪律处分条例 [M]// 十八大以来廉政新规定. 北京：人民出版社，2019：188.
② 中国共产党纪律处分条例 [M]// 十八大以来廉政新规定. 北京：人民出版社，2019：144.

届考察前，找巴南区数十名有关镇街、部门负责人谈话，暗示在换届考察时支持自己会得到好处。杨钟馗被举报之后，在毫无依据的情况下怀疑是职务竞争对手所为，杜撰相关的虚假举报检举材料，指使相关人员对其进行虚假举报。最终，杨钟馗受到开除党籍、开除公职处分，其所作所为严重破坏了所在单位的政治生态。

一名合格的共产党员必须树牢正确的政绩观，"金杯银杯不如老百姓的口碑，金奖银奖不如老百姓的夸奖"，想干事、能干事、干成事必然得到群众的称赞，得到同事的推荐，获得组织的认可。与其花心思动歪脑筋走捷径，不如怀着感恩之心踏踏实实干事创业。党员干部提高政治能力，杜绝"收买人心、拉动选票"，必须树牢以实干论英雄的鲜明导向，在真抓实干中彰显担当作为，让有为者有位、吃苦者吃香、实干者实惠。

（五）提高政治能力，杜绝"封官许愿、弹冠相庆"

汉宣帝时，琅琊人王吉和贡禹是很好的朋友，贡禹多次被免职，王吉在官场也很不得志。汉元帝时，王吉被召去当谏议大夫，贡禹听到这个消息很高兴，就把自己的官帽取出，弹去灰尘，准备戴用。果然没多久贡禹也被任命为谏议大夫。此后，人们用"弹冠相庆"形容官场中一人当了官或升了官，同伙就互相庆贺将有官可做。搞"封官许愿""弹冠相庆"这一套，就是搞官场潜规则，是严重违反政治纪律的行为。

甘肃省原省委常委、副省长虞海燕，在任期间总有钻营之徒攀附关系。武威市委原副书记陶军锋在任兰州市副市长及团省委书记期间，一边通过聚餐聚会等一系列方式接近、投靠虞海燕搭建的"小圈子"，进行政治投机，捞取政治资本，一边利用职务之便，收受巨额财物，为他人谋求非法利益，最终走上了违纪违法的不归路。

一名合格的共产党员必须有纯洁的生活圈、交往圈，保持健康的党内同志关系，形成清清爽爽的同志关系、规规矩矩的上下级关系。党员干部提高政治能力，杜绝"封官许愿、弹冠相庆"，必须坚决抵制拉拉扯扯、吹吹拍拍等歪风邪气，同事之间坦诚相待，既讲感情又讲原则，培养亲密无间的革命同志情谊，"难得是诤友，当面敢批评"，使党内关系正常化、纯洁化。

（六）提高政治能力，杜绝"自行其是、阳奉阴违"

"革命军人个个要牢记，三大纪律八项注意：第一一切行动听指挥，步调一致才能得胜利。"广为传唱的《三大纪律八项注意歌》，首先要求军队必须步调一致，不能各行其是。一支军队如此，一个政党更是如此。搞自行其是、阳奉阴违是与党离心离德，是当"两面人"、做"两面派"的恶劣行径。

在2014年到2016年，习近平总书记多次对祁连山生态环境问题作出重要批示，明确要求着力解决突出问题，紧抓整治环境违法问题，大力推进祁连山生态环境保护和修复。然而，祁连山生态恢复工作进展得非常缓慢，其中一个主要原因就是相关负责人王三运对待中央指示消极应付，搞形式主义、做表面文章，不积极督促相关部门抓好整改落实，更没有对相关领导干部进行严肃问责。这种阳奉阴违、坐而论道、只说不做、不抓落实的行为直接导致中央决策部署无法落地得到执行，问题长期存在无法解决,耽误了经济社会发展的机遇,党和政府的形象被严重损害。

一名合格的共产党员必须始终在政治立场、政治方向、政治原则上同党中央保持高度一致,做到绝对忠诚于党,做到唯一地、彻底地、无条件地、不掺任何杂质地、没有任何水分地忠诚于党。党员干部提高政治能力,杜绝"自行其是、阳奉阴违",必须保持政治上的清醒和坚定,敏锐地识别和判断各种错误的观点,坚决贯彻党中央和上级党组织的决策部署,并且要时刻检视自己的言行举止,"勿以善小而不为,勿以恶小而为之",用实际行动维护党中央权威和集中统一领导。

(七)提高政治能力,杜绝"尾大不掉、妄议中央"

党章规定,党员个人服从党的组织,少数服从多数,下级组织服从上级组织,全党各个组织和全体党员服从党的全国代表大会和中央委员会。这一规定是党的民主集中制原则的重要内容,是党的政治纪律的核心内容。搞"尾大不掉、妄议中央",就是不服从党的领导,是无视组织原则的行为,严重违反政治纪律。

1935年6月,红一、四方面军在四川懋功会师,两军士气高昂,为开创新的革命局面创造了非常有利的条件。不料张国焘不服从党中央军事战略决议,明知党的六大党章中规定:"党员对党内某个问题,只有在相当机关对此问题的决议未通过以前可以举行争论。""本党代表大会,或党内指导机关所提出的某种决议,应无条件地执行。"自恃兵强马壮,先是妄议中央,在部队中散布"中央政治路线有错误""中央红军的损失应由中央负责"等破坏党中央威信的错误言论,继而尾大不掉,伸手向中央要权,最后公然分裂红军、分裂党中央，妄图另立"中央"。张国焘的所作所为无视和践踏党的政治纪律，给处于长征险境中的党中央带来巨大威胁，给身在恶劣环境中的红军队伍带来巨大灾难，成为党史上沉重的反面教材。

一名合格的共产党员必须自觉在思想上政治上行动上同以习近平同志为核心的党中央保持高度一致，做到思想上统一、政治上团结、行动上一致，坚决同破坏政治纪律和政治规矩的行为作斗争，努力成为遵守党的政治纪律的引领者和带头人。党员干部提高政治能力，杜绝"尾大不掉、妄议中央"，必须强化政治责任，保持政治定力，把准政治方向，增强斗争精神，勇于担当作为，坚决把党中央决策部署落到实处。

"七个有之"本质上是政治问题，严重危害党的政治建设。政治问题任何时候都是根本性的大问题，是容不得半点含糊和懈怠的问题。我们党员要深刻认识到"七个有之"问题的本质特征及现实危害，从源头杜绝"七个有之"问题的产生，提升政治站位，提高政治能力，强化党性修养，严守政治纪律和政治规矩，牢记初心使命，恪守全心全意为人民服务的宗旨，积极投身于党的政治建设这一永续工程、紧迫工程，在学习实践中持续锻造我们的政治信仰，锤炼坚定的政治信念。

旗帜鲜明讲政治、保证党的团结统一是党的生命，也是我们党能成为百年大党、创造世界伟业的关键所在。坚决维护习近平总书记党中央的核心、全党的核心地位，坚决维护党中央权威和集中统一领导，是政治建设的首要任务。对党忠诚，是共产党人首要的政治品质。共产党员的党性修养不是一劳永逸、一成不变的，过去坚定、牢固不等于现在坚定、牢固，现在坚定、牢固不等于永远坚定、牢固。因此，加强政治建设作为一种恪守理想高地的思想政治素质教育，不是一时一地的事，是一个循序渐进的过程，需要党员干部长期自主地有创造性地学习、接受教育、经受锤炼与考验。正如周恩来总理所指出的那样，要"活到老，学到老，改造到老"。

第五章

坚持严的主基调不动摇

强党之问
——怎样建设长期执政的马克思主义政党

　　我们党是靠革命理想和铁的纪律组织起来的马克思主义政党，纪律严明是党的光荣传统和独特优势。党的十八大以来，以习近平同志为核心的党中央从历史经验出发，既吸收和借鉴了马克思主义经典作家的思想内核，也遵循了中国共产党的优良传统，把纪律建设摆在更加突出的位置，提出了一系列纪律立党的新理念新论述，从而丰富和发展了马克思主义的党建理论。在十九届中央纪委六次全会上，习近平总书记再一次强调，坚持严的主基调不动摇。在党的二十大上，他进一步提出："坚持以严的基调强化正风肃纪。"①这些重要论断为建设世界上最强大的政党宣示了坚定决心、坚强意志，立起了基准和标尺。

一、严格执行纪律，架牢纪律的高压线

　　干部出问题，都是因为纪律的突破。必须严明党的纪律，遵守党的纪律是无条件的，要说到做到，有纪必执，有违必查，而不能合意的就执行，不合意的就不执行，不能把纪律作为一个软约束或是束之高阁的一纸空文。"要提高制度执行力，让制度、纪律成为带电的'高压线'，使查处违纪

---

① 习近平.高举中国特色社会主义伟大旗帜　为全面建设社会主义现代化强国而团结奋斗——在中国共产党第二十次全国代表大会上的报告[M].北京：人民出版社，2022：68.

违法问题制度化、经常化,使党员、干部心有所畏、言有所戒、行有所止。"①

(一)为什么要严格执行党的纪律

严格执行党的纪律是我们党革命成功的宝贵经验。"一九六四年十月,周恩来同志在音乐舞蹈史诗《东方红》演出人员大会上作报告时说,毛泽东同志说我们党是'一个有纪律的,有马克思列宁主义的理论武装的,采取自我批评方法的,联系人民群众的党','毛泽东同志特别把有纪律放在最前面,这不是偶然的。因为这是决定党能否坚持革命、战胜敌人、争取胜利的首要条件'。"②有了严格的纪律,即使遇到了挫折,也能够保持队伍不溃散。在孟良崮战役中,经过3天激战将敌整编74师阵地全部拿下。我军指战员原以为已经全歼敌军,但我军严格执行纪律,从不虚报战果、冒领战功,在核算人数时发现歼敌数与该师编制数相差近万人。于是各部队马上布置严密搜索,将隐藏在山坳中的敌军余部全歼并击毙张灵甫。可以说,严格的纪律确保了这场战役的全胜。

严格执行党的纪律是完成新时代历史使命的必然要求。实现中华民族伟大复兴是新时代中国共产党肩负的历史使命。当前,社会结构深刻变动,利益格局深刻调整,价值观念多元多变,各种巨大的诱惑时时刻刻摆在我们面前,加强党的建设,保持党的先进性和纯洁性,在新时代新征程

---

① 习近平. 切实加强和改进新形势下我军政治工作 [M]// 十八大以来重要文献选编(中). 北京:中央文献出版社,2016:195.
② 习近平. 严明党的组织纪律,增强组织纪律性 [M]// 十八大以来重要文献选编(上). 北京:中央文献出版社,2014:764.

显得格外重要、格外紧迫。在世情国情党情发生深刻变化的情况下，提高党的领导水平和执政水平、提高拒腐防变和抵御风险能力，面临许多前所未有的新情况、新问题、新挑战。"四大考验"是长期的复杂的严峻的，"四大危险"作为党内的隐患病灶，如果不排除就会对党的战斗力形成制约。正如习近平总书记指出的："党面临的形势越复杂、肩负的任务越艰巨，就越要保持党的团结统一。党的团结统一靠什么来保证？要靠共同的理想信念，靠严密的组织体系，靠全党同志的高度自觉，还要靠严明的纪律和规矩。"[1] 严格党的纪律，保证队伍严整有序，这是党的力量所在，构成党的建设的时代需求。从这个意义上讲，严格执行党的纪律，这是由新时代党的使命决定的。

严格执行党的纪律是新时代推进全面从严治党的内在要求。习近平总书记指出："党要管党、从严治党，靠什么管，凭什么治？就要靠严明纪律。"[2] "加强纪律建设是全面从严治党的治本之策。"[3] 把纪律挺在前面突出了问题导向，是基于新时代"干部出问题，都是因为纪律的突破"这一倾向性问题而作出的战略决策。从查处的落马官员的情况看，很多都是因为破坏了纪律逐渐走向违法，即先违纪后违法，从违纪走向违法。把纪律严起来，才能捍卫纪律的严肃性和权威性。当一些党员干部意识到自己的错误时，往往为时已晚，给党员个人、家庭和党组织都带来了

---

[1] 习近平. 加强纪律建设，把守纪律讲规矩摆在更加重要的位置 [M]// 论坚持党对一切工作的领导. 北京：中央文献出版社，2019：88.

[2] 习近平. 严明党的组织纪律，增强组织纪律性 [M]// 十八大以来重要文献选编（上）. 北京：中央文献出版社，2014：764.

[3] 习近平. 在十八届中央政治局常委会第一百一十九次会议关于审议中国共产党廉政准则、党纪处分条例修订稿时的讲话 [M]// 习近平关于全面从严治党论述摘编. 北京：中央文献出版社，2016：111.

沉重损失。中国共产党的性质宗旨，都决定了纪严于法、纪在法前。发现问题立即提醒，触犯党纪马上处分，及时拧紧松扣的螺丝钉。对于党员干部来说，这才是真正的关心和爱护。事实证明，严格执行纪律抓住了纲纪、抓住了根本。

（二）严格执行纪律重在严格遵守政治纪律

习近平总书记深刻指出："毛泽东同志说，路线是'王道'，纪律是'霸道'，这两者都不可少。"①《关于新形势下党内政治生活的若干准则》强调："政治纪律是党最根本、最重要的纪律，遵守党的政治纪律是遵守党的全部纪律的基础。"这是《准则》提出的一个重大命题，也是对党员、党员领导干部特别是高级干部提出的一个重大要求。

严格遵守政治纪律的重要意义。中国共产党自成立起就十分重视政治纪律，当时尽管没有提出"政治纪律"这个词，但是明确要求每个党员和每个要求入党的人都必须"承认党的纲领和章程，拥护党的主张"。党的五大通过的《组织问题决议案》中第一次明确提出了"政治纪律"这个概念。关于"政治纪律"的基本内涵，习近平总书记说："政治纪律是各级党组织和全体党员在政治方向、政治立场、政治言论、政治行为方面必须遵守的规矩，是维护党的团结统一的根本保证。"②可以说，放松纪律规矩就意

---

① 习近平．严明政治纪律，自觉维护党的团结统一 [M]// 论坚持党对一切工作的领导．北京：中央文献出版社，2019：20．

② 习近平．严明政治纪律，自觉维护党的团结统一 [M]// 论坚持党对一切工作的领导．北京：中央文献出版社，2019：17．

味着自我毁灭。新时代新征程更需要严守政治纪律、严防政治风险,能否坚守党规党纪,直接决定着党能否保持持久旺盛的生命力。

警惕容易违反政治纪律的倾向问题。习近平总书记指出:"讲政治必须提高政治判断力。我们党领导人民进行革命、建设、改革的历史进程反复证明了一个道理:政治上的主动是最有利的主动,政治上的被动是最危险的被动。增强政治判断力,就要以国家政治安全为大、以人民为重、以坚持和发展中国特色社会主义为本,增强科学把握形势变化、精准识别现象本质、清醒明辨行为是非、有效抵御风险挑战的能力。"[①] 当前,意识形态领域斗争日益激烈,网络平台不是法外之地,言论自由不能任性而为。近年来通报的、网上发布的违反政治纪律的案例,教训深刻、引人警醒。在网络发达的今天,特别要高度警惕。"社交媒体+网络平台"极易成为西方反华势力制造热点、操纵舆论、大搞政治渗透、对我实施"拔根去魂"的政治工具。有的同志政治鉴别力差,看不清西方敌对势力的狼子野心,搞不明白应该坚持什么、相信什么、反对什么、抵制什么,容易信谣、传谣。互联网时代,网络发声更加方便,但并不代表可以无所顾忌地乱评妄议。作为党员干部,绝不能在政治纪律面前"马失前蹄"。如果对政治纪律没有敬畏之心,任性行事,迟早会出大问题。

用忠诚行动恪守政治纪律政治规矩。严格遵守政治纪律不是空喊口号与高调表态,关键要落实在思想上、行动上。坚持用习近平新时代中国特色社会主义思想武装头脑,不折不扣地把党中央的决策指示和决心意图落到实处。纪律的生命力在于执行。改革开放之初,一位机关领导花了400

---

① 加强政治建设提高政治能力坚守人民情怀 不断提高政治判断力政治领悟力政治执行力[N]. 人民日报,2012-12-26(01).

元公款宴请基层来的同志。黄克诚得知后，立即派人调查。有关人员向黄克诚求情说，请客的那位领导是您的老部下，况且公款请客吃饭也不是个别现象，下不为例就是了。黄克诚一听十分恼火，批评他们不要把这类问题看作一桩小事而轻易放过。在端正党风问题上，必须从严要求。最后，请客的领导拿工资把饭钱补上了，并作出了深刻检查。一些误入歧途的领导干部的深刻教训警示我们：执行制度最安全、严守纪律最幸福、维护国法最自由。严明政治纪律对党员干部来说很重要的就是干净做人、干净为官、干净干事。这方面把握好了，天天都是起点；把握不好，步步都是终点。广大党员干部只有严守党的政治纪律，个人进步才能一帆风顺，党的事业才能行稳致远。

（三）使纪律真正成为从严治党的高压线

"高压线"，本是一个科技词语，通常指输送 10 千伏以上电压的输电线路。在高压线带电的情况下，触碰高压线可致人死亡。习近平总书记把纪律比喻成高压线，旨在说明必须严格执行和维护党的纪律，触犯党的纪律就必须受到严厉的惩罚。这对当前党的建设有很强的现实针对性，对维护党的纯洁性和先进性具有重要的指导意义。

什么是"带电的高压线"？众所周知，党的力量来自组织，而坚强有力的党组织一定是以严明的组织纪律为基础的。习近平总书记所说的"带电的高压线"，并不是现在才开始架设的，它是在无产阶级革命和我们党的斗争建设中不断充实完善的。早在无产阶级革命事业的起步发展阶段，马克思、恩格斯在组织纪律上就坚持集体领导和少数服从多数的原则。组织严密、纪律严明不仅是我们党的光荣传统和独特优势，更是维护党的团结统一、确保党发挥总揽全局、协调各方作用的根本组织保障。1922年7月，党的二大讨论和通过了《中国共产党章程》，其中规定"本党一切会议均取决多数，少数绝对服从多数"，还强调了民主集中制原则。1945年党的七大首次决定将"四个服从"作为党的民主集中制的四项基本原则之一载入党章。1956年党的八大通过的党章首次将民主集中制表述为"在民主基础上的集中和在集中指导下的民主"。每一次组织纪律的调整改动，都能反映出新型执政党加强自身建设的政治自觉和政治清醒。习近平总书记曾做过一个形象的比喻："如果党组织像个大车店、大卖场一样，想来就来，想走就走，那还能有什么核心力量？还能把广大人民群众团结在党的周围吗？要好好抓一抓组织纪律，加强全党的组织纪律性。"① 组织纪律背后是作风，作风背后是党性。坚持党性原则，就不会把个人凌驾于组织之上，游离在组织之外。

哪些是"带电的高压线"？高压线就是党的组织纪律，就是指规范和处理党的各级组织之间、党组织与党员之间及党员与党员之间关系的行为规范和准则，是党的纪律体系的重要组成部分。党的组织纪律以党章为根本，以民主集中制为核心，体现在以党章为代表的多项党内法规。党的根本组织原则、党的组织制度、发展党员纪律、党内选举纪律等，这些都属于党的组织纪律范畴。无论是谁，如果不能正确地处理好个人与组织、少数与多数、下级与上级的关系，就会触碰到组织纪律的"高压线"，具体表现为：如果不能处理好个人与组织的关系，就会目无组织纪律，做了点

---

① 习近平.严明党的组织纪律[M]// 论坚持党对一切工作的领导.北京：中央文献出版社，2019：47.

工作，就去跟组织讨价还价、讲条件，只要组织照顾不要组织纪律，把自己凌驾于组织之上；如果不能处理好少数与多数的关系，党支部一班人就会各自为政，违反民主集中制原则，不讲组织原则、只讲个人关系，大搞"小团伙""小圈子"，缺乏严肃认真的组织生活；如果不能处理好下级与上级的关系，就会做事瞒着组织，搞"先斩后奏""边斩边奏"甚至是"斩而不奏"，工作中报喜不报忧、党组织不按期换届、出差擅自变更路线等。以上这些问题看似都是一些所谓的小问题，但这些违反组织纪律的行为已成为党的一大隐患，如果不认真解决，任其发展蔓延，党的团结统一就会遭到破坏，党的执政根基就会发生动摇，也势必影响到党的各项方针政策的贯彻落实。

如何不碰"带电的高压线"？在生活中，我们常常可以看到这样的提示："高压有电，小心危险。"于是，人人都会小心翼翼，避而远之。可是，总会有个别同志为了一己私利，执意要触碰这条"带电的高压线"，轻者被"电"击伤，重者被"电"身亡。那么怎样才能做到不碰"带电的高压线"呢？个人要服从组织。每名党员应当时刻提醒自己，在党言党，埋头实干，恪尽职守、无私奉献，始终把个人的成长进步交给党组织，把自己置于党组织的教育培养和管理监督之下。少数要服从多数。"少数服从多数"是民主集中制最本质的规定。从实践上看，按照多数人的意见作出选择，往往更容易被理解和执行。当然，不排除真理有时也掌握在少数人手里，所以组织纪律也要求尊重少数人的意见，允许每一名党员表达和保留意见，甚至向上级反映，但在决议没有改变之前，还是要坚决服从和执行。下级要服从上级。解放战争初期，有一名叫任达哉的中共党员成了叛徒。他被捕后面对敌人的酷刑和死亡威胁都没有畏惧过，但最终还是心理防线失守而沦为叛徒。原因是他心存侥幸,没有向组织及时报告抗战胜利后曾担任过国民党军统的"通讯员",敌人正是抓住这个把柄,让任达哉彻底堕落成了叛徒。这个由请示报告落实不好演变为政治叛变的深刻教训,发人深省。所以,下级要对上级及时请示报告是一项严肃的组织纪律,不能随意搞变通。

二、坚持高标准和守底线相结合

习近平总书记在十八届中央纪委六次全会上的讲话中指出:"坚持高标准和守底线相结合。全面从严治党,既要注重规范惩戒、严明纪律底线,更要引导人向善向上,发挥理想信念和道德情操引领作用。'身之主宰便是心';'不能胜寸心,安能胜苍穹'。"①坚定科学的理想信念这一高标准,是党员干部的"看家本领"和"精神脊梁";底线是高压线,是不可触碰的"红线"。守住了底线,党员干部才会有更广阔的发展空间。

(一) 坚定的理想信念是恪守党纪国法的精神力量

理想信念奠定了强党兴党的强大根基。党的奋斗进程中时有高低起伏,却在历经时代更迭和时光涤荡后仍然保持如此强劲的发展势头,其中自有诸多"硬核道理"。理想信念作为一种生发于而又反作用于客观物质世界的价值观念形态,界定了一个政党在诞生、发展、壮大过程中所孜孜信仰

---

① 习近平. 全面从严治党,核心是加强党的领导 [M]// 论坚持党对一切工作的领导. 北京:中央文献出版社,2019:126.

的奋斗目标，并为其改造世界的客观实践提供主观的方向指引和力量支撑。从源头上看，马克思主义政党不是因利益而结成的政党，而是以共同理想信念而组织起来的政党。中国共产党之所以叫共产党，就是因为从成立之日起便将马克思主义鲜明地写在了旗帜之上，确立了实现共产主义的远大理想，扎深了共产党人的根，立牢了年轻干部的本。一百多年来，党历经磨难逐步发展成为一个成熟而又强大的马克思主义政党，并领导一个东方大国昂首阔步在中国特色社会主义道路之上。

理想信念永葆共产党人的政治本色。习近平总书记指出："有了坚定的理想信念，站位就高了，眼界就宽了，心胸就开阔了，就能坚持正确政治方向，在胜利和顺境时不骄傲不急躁，在困难和逆境时不消沉不动摇，经受住各种风险和困难考验，自觉抵御各种腐朽思想的侵蚀，永葆共产党人政治本色。"[1]"政治本色"内涵彰显了从哪里来到哪里去、为了谁和依靠谁等根本性命题。只有把这些问题捋顺了、弄清了，才能自觉催生安守本分、牢固初心的自觉性和主动性。中国共产党人的信仰是坚定而执着的，因而总能在各种政治考验的关口作出最契合人类社会发展规律、最符合党和人民发展利益诉求的判断和选择。面对敌人的屠刀、邪恶势力的枷锁，宁可抛头颅洒热血也绝不低下眺望美好革命前景的头颅，绝不背叛组织背离人民；面对时代的考验、改革发展的"险滩"，从来都是以人民为念、以大局为念，履行着为民族谋复兴、为人民谋幸福的铮铮誓言。

理想信念督促党员干部模范遵纪守法。党员干部理应成为党纪国法的忠实维护者、执行者。理想信念属于道德的范畴，是柔性约束；从规范党

---

[1] 习近平.关于坚持和发展中国特色社会主义的几个问题[M]//习近平关于全面从严治党论述摘编.北京：中央文献出版社，2019：59.

员干部实践活动的视角看，党的纪律和规矩、国家的法律是刚性约束。在全民守法的大背景下，党员干部模范地遵守党的纪律、规矩和国家的法律，既是依法治国的需要，也是党员干部作风建设的重要内容。历史和现实都告诫我们，全党理想信念坚定，矢志不渝朝着正确的方向迈出坚毅的步伐，党就能拥有无比强大的力量，引领每一名党员走好、走对、走稳；全党理想信念淡薄，每一名党员泯灭了初心、蒙蔽了忠心、淡薄了诚心，极容易走上"邪路""弯路""错路"而迷途不返，党就会成为乌合之众，依法治国就会成为一句空话。增强纪律规矩的执行力，既能够检验党员干部坚定理想信念的效果，也能把坚定理想信念的成效具体化。党员干部坚定理想信念，以理想信念的强大力量确保对党的纪律、规矩，对国家法律的敬畏之心，为周围的人民群众作出表率，是把坚定的理想信念落实到政治生活中的具体表现。

（二）用理想信念的精神力量不断修身律己

习近平总书记指出："每一名党员、干部特别是各级领导干部，都要把理想信念作为照亮前路的灯、把准航向的舵，转化为对奋斗目标的执着追求、对本职工作的不懈进取、对高尚情操的笃定坚持、对艰难险阻的勇于担当。"[①]党员干部始终要牢记，坚定理想信念是终身课题，需要常修常练，要信一辈子、守一辈子。

对党绝对忠诚。天下大德，莫过于忠。自从有了历史记载，忠诚的血

[①] 祝全国各族人民健康快乐吉祥 祝改革发展人民生活蒸蒸日上[N].人民日报，2016-02-04(01).

脉就一直充盈不辍,中国古代讲"八德",就是忠、孝、仁、爱、信、义、和、平,其中"忠"为八德之首,可见古人对"忠"的推崇之高。理想信念坚定和对党忠诚是紧密联系的。我们党是否坚强有力,既要看全党在理想信念上是否坚定不移,更要看每一位党员在理想信念上是否坚定不移。只有全党理想信念坚定不移,才能始终清楚认识到坚持党的领导的重要性及现实必然性,进而转化为团结在党旗之下的行动自觉,作出对理想信念坚定的最好诠释。忠诚和信仰是具体的、实践的,有多元而现实的衡量标准。比如说,党员干部必须认识到组织上安排去艰苦边远地区工作,既是一种信任,更是一种培养。党员要始终怀揣着爱党、忧党、兴党、护党的广阔胸襟和真挚情怀,经常对照党章党规党纪,检视自己的理想信念和思想言行,自觉在思想上政治上行动上同党中央保持高度一致,不折不扣把党中央决策部署落到实处,在经风雨、见世面中逐步成长为堪当民族复兴重任的优秀人才。

强化内功提升。习近平总书记指出:"坚定的理想信念,必须建立在对马克思主义的深刻理解之上,建立在对历史规律的深刻把握之上。"①认识真理,掌握真理,信仰真理,捍卫真理,是坚定理想信念的精神前提。中国共产党人的理想信念,建立在马克思主义科学真理的基础之上,建立在马克思主义揭示的人类社会发展规律的基础之上,建立在为最广大人民谋利益的崇高价值的基础之上。广大党员干部必须注重加强修养、提升内功,要深入学习马克思列宁主义、毛泽东思想、邓小平理论、"三个代表"重要思想、科学发展观、习近平新时代中国特色社会主义思想,

---

① 习近平. 在庆祝中国共产党成立九十五周年大会上的讲话[N]. 人民日报,2016-07-02(02).

不断提高马克思主义思想觉悟和理论水平,保持对远大理想和奋斗目标的清醒认知和执着追求,确保用理想之光照亮奋斗之路,用信仰之光开创美好未来。

贵在知行合一。知行合一最早是由明朝学者王阳明提出来的,他说这个世上有两种学问,一是"口耳"之学,一是"身心"之学。天下之所以不治,主要的病根就在"虚文盛,实行衰"。那些做口耳之学的人热衷的正是虚文,只有那些真正做身心之学的人才会有切实的行动。要知行合一、言行一致,保持对理想信念的激情和执着,牢固树立正确的世界观、权力观、事业观,用自己的实际行动为坚持和发展中国特色社会主义、实现共产主义远大理想不懈奋斗。当前,党员群体中不同程度地存在能力不足而"不能为"、动力不足而"不想为"、担当不足而"不多为"等现象,这势必影响我们干事创业的效果。党员干部必须深刻领悟"两个确立"的决定性意义,增强"四个意识",坚定"四个自信",做到"两个维护",自觉做共产主义远大理想和中国特色社会主义共同理想的坚定信仰者和忠实践行者,真正成为百折不挠、终生不悔的共产党人。

(三)用理想信念夯实做人、做事、用权、交友的底线

习近平总书记指出:"要坚持不懈强化理论武装,毫不放松加强党性教育,持之以恒加强道德教育,教育引导广大党员、干部筑牢信仰之基、补足精神之钙、把稳思想之舵,坚守真理、坚守正道、坚守原则、坚守规矩,明大德、严公德、守私德,重品行、正操守、养心性,做到以信念、人格、

实干立身。"①在党的二十大上，习近平总书记再一次强调指出："加强理想信念教育，引导全党牢记党的宗旨，解决好世界观、人生观、价值观这个总开关问题，自觉做共产主义远大理想和中国特色社会主义共同理想的坚定信仰者和忠实实践者。"②这些论述告诫我们，做人须忠诚、做事有底线、用权必依法、交友要谨慎，不越雷池不触红线。

做人须忠诚。要在坚定理想信念的基础上保持对党、对组织、对人民、对同志忠诚老实，做老实人、说老实话、办老实事，襟怀坦白、公道正派。在任何时候任何情况下，不动摇共产党人的信仰，不背离党性，不丢掉宗旨。当前，随着改革开放的不断深入，党员干部面临的考验日益严峻。从国际环境上看，西方敌对势力加紧对我国实施西化、分化战略，千方百计对我国进行思想文化渗透。从国内形势上看，受世界疫情的影响，我国经济增长趋缓，失业压力增大，社会不稳定因素增加，国内一些反动势力利用社会深层次矛盾带来的消极影响，散布否定党的领导、否定社会主义制度等反动言论。面对复杂严峻的形势，党员干部必须保持清醒的头脑。理论上清醒，政治上才能坚定。只有坚持不懈地学好科学理论，才能正确分析现实生活中的矛盾和问题，更加坚定对马克思主义的信仰、对中国特色社会主义的信念、对改革开放和社会主义现代化建设的信心、对党中央的信赖。

做事有底线。党员干部要守住做事的底线，贯彻党的各项纪律要求。2021年9月22日，中央纪委国家监委网站发布消息：经中共中央批准，

---

① 习近平. 在党的十八届六中全会第二次全体会议上的讲话[M]// 习近平关于全面从严治党论述摘编. 北京：中央文献出版社，2016：73.

② 习近平. 高举中国特色社会主义伟大旗帜 为全面建设社会主义现代化强国而团结奋斗——在中国共产党第二十次全国代表大会上的报告[M]. 北京：人民出版社，2022：5.

对江苏省委原常委、政法委原书记王立科严重违纪违法问题进行立案审查调查，在分析原因时，出现一些新提法，包括其从未真正树立理想信念、从未对党忠诚老实，政治上毫无原则，丧失"四个意识"，在党内搞团团伙伙，为谋求个人职务晋升大搞政治投机、攀附贴靠，处心积虑对抗组织审查。坚定的理想信念是共产党人的基本操守。"从未真正树立理想信念"，堂堂的省委常委、政法委书记，如此表现令人震惊。无独有偶，1969年出生、49岁就出任公安部副部长的孙力军，在立案审查通报原因时也出现"从未真正树立理想信念，背弃'两个维护'，政治野心极度膨胀，政治品质极为恶劣"的表述。在2021年秋季学期中共中央党校（国家行政学院）中青年干部培训班开班式上，习近平总书记明确把信念坚定、对党忠诚作为年轻干部练好内功、提升修养的第一位要求，强调"坚定理想信念是终身课题，需要常修常练，要信一辈子、守一辈子"。历史和实践反复证明，党员干部有了坚定的理想信念，才能在干事创业中经得住各种考验，行稳致远。

用权必依法。"我们的权力是党和人民赋予的，是为党和人民做事用的，姓公不姓私，只能用来为党分忧、为国干事、为民谋利。"① 腐败根源在于权力不受监督制约，强化权力的制约和监督是廉政建设的基本要义。这要求我们必须保证权力在正确的轨道上运行，让公正用权、依法用权、廉洁用权成为全体党员干部的政治自觉，让权力在阳光下运行成为常态。我国宪法规定，中华人民共和国是工人阶级领导的、以工农联盟为基础的人民民主专政的社会主义国家，国家的一切权力属于人民。由此可见，一切特权思想和特权行为，都与宪法规定主张相违背，都与国家性质和人民权

---

① 习近平. 做焦裕禄式的县委书记[M]//十八大以来重要文献选编（中）. 北京：中央文献出版社，2016：325.

利相背离。党员干部一旦把手中权力当成私有财产和私人工具，必然导致自我膨胀、自我狂妄，要求享有高人一等的特殊权力，享受与众不同的特殊优待，这些都严重违背了党性原则和公平正义，其后果只能是自取其辱、自我毁灭。党的二十大报告对此郑重提出："坚决破除特权思想和特权行为。"①每名党员都要切实认清特权思想的危害，始终在心中牢固树立法律红线、纪律红线和规矩红线，自觉摆正权力与法律、权力与责任的关系，时时提醒自己要依法用权，防止被权力腐蚀思想从而误入歧途。

交友要谨慎。从古至今，择友交友是每个人都要面对的人生课题。"独学而无友，则孤陋而寡闻""大丈夫处世，当交四海英雄"，这些先贤的智言慧语，充分体现出交友的重要意义。作为党员干部，要经常清一清自己的"朋友圈"。历史上，俞伯牙与钟子期、管仲与鲍叔牙、李白和杜甫等，他们的君子之交堪称交往之楷模。相反，择友不善，不仅难以共同进步，反而会深受其害。王安石选择吕惠卿做朋友，吕惠卿却阳奉阴违，踩着他攀上了高位。历史启示我们，交友是一门很深的学问。只有坚持志趣相同，才能交到真朋友。现实生活中，很多党员干部选择与专家、学者、农民交朋友，得到的不仅是一个值得深交的朋友，执政能力也会因此而日渐提升。

三、严的重点，在于从严管理干部

《韩非子·六反》中有言："母厚爱处，子多败，推爱也；父薄爱教笞，

---

① 习近平. 高举中国特色社会主义伟大旗帜　为全面建设社会主义现代化强国而团结奋斗——在中国共产党第二十次全国代表大会上的报告[M]. 北京：人民出版社，2022：68.

子多善,用严也。""从严治党的重点,在于从严管理干部。"①进入新时代,需要一大批好干部扛大梁、打头阵、挑重担。各级党组织既要积极作为,及时大胆把那些勇于担当、实绩突出的干部选出来使用好,更要坚持底线思维,抓好从严管理干部这个"下篇文章",让好干部永远"好"下去、"优"到底。历史和现实一再证明,信任不能代替监督,严是爱、松是害,放任不管易变坏。

(一)从严管理干部面临的现实问题

"经过十八大以来全面从严治党,我们解决了党内许多突出问题,但党面临的执政考验、改革开放考验、市场经济考验、外部环境考验将长期存在,精神懈怠危险、能力不足危险、脱离群众危险、消极腐败危险将长期存在。"②从严管理干部还面临一些新的问题与困惑。

干部教育培训失之于泛。近些年来,我们党对干部教育培训工作高度重视,对教育培训的对象、内容、方式方法等作出了明确规定,培训工作也取得了较好的效果,但是在培训中还存在培训内容、培训方式和培训载体缺乏创新的问题,影响了培训效果。

选人用人还存在不正之风。一些地方和单位过度依赖票数、唯票取人,致使那些因拉票而得票多的人或所谓"群众基础好"而得票多的"老好人"

---

① 习近平.从严治党必须从严管理干部[M].习近平关于全面从严治党论述摘编.北京:中央文献出版社,2016:134.

② 习近平.高举中国特色社会主义伟大旗帜 为全面建设社会主义现代化强国而团结奋斗——在中国共产党第二十次全国代表大会上的报告[M].北京:人民出版社,2022:64.

得到提拔重用，导致拉票行为花样百出、屡禁不止。

对干部重使用而轻管理。有的党委不管监督，干部一出事就把问题甩给纪委。特别是对"一把手"的管理薄弱，许多违纪违法的"一把手"之所以沦为阶下囚，干部管理过于宽松软是重要原因。

干部考核评价机制不够完善。近年来虽然干部考评体系日趋完善，考评工作也日渐规范科学，但仍然还有进一步优化的空间。比如，考评指标名目繁多、标准笼统、权重失衡等现象依然存在，核心指标不够凸显，考评工作政出多门，加上受一些人情因素的干扰，有时会出现考评结果失真的情况，导致考评的指挥棒没有充分发挥作用。

（二）把从严管理干部要求落到工作实处

新时代在管好干部选拔、培养、使用的前提下，更要重视管好干部的思想、工作、作风和生活。

教育引导从严，从政治上关心干部，党的二十大新闻中心举行的记者招待会上首次披露了这样一组数据：党的十八大以来，全国纪检监察机关共立案464.8万余件，其中，立案审查调查中管干部553人，处分厅局级干部2.5万多人，县处级干部18.2万多人。特别是同一岗位上官员"前腐后继"，班子成员多人落马的场景一再上演，这些系统性的腐败问题，可以说触目惊心。因此既要选好干部，还要管好干部，不能让他们在工作中迷失方向。各级党组织要善于帮助干部站稳政治立场，引导干部牢记组织嘱托和群众期盼，教育干部清楚当官为了什么，切实让干部沉下心来履职尽责，切实做到在党爱党、在党言党、在党忧党、在党为党，不断提高干

强党之问
——怎样建设长期执政的马克思主义政党

部的思想政治觉悟,帮助他们树立正确的"三观",确保他们在成长过程中方向不失、本色不变,这才是管好干部的根本。

党内生活从严,敢于动手较真碰硬。人人皆知"良药苦口,忠言逆耳"。但现在,"批评难"成了久治不愈的"常见病",当"老好人"的多,敢"唱黑脸"、较真碰硬的少,甚至有些连党内正常的批评与自我批评都开展不起来,这样下去非常危险。毛泽东同志在《反对自由主义》一文中痛批了"老好人"的种种现象。比如:"因为是熟人、同乡、同学、知心朋友、亲爱者、老同事、老部下,明知不对,也不同他们作原则上的争论,任其下去,求得和平和亲热。或者轻描淡写地说一顿,不作彻底解决,保持一团和气。结果是有害于团体,也有害于个人。"① 干部培养并非一日之功,需要高昂的成本。一个干部从一株"毫末之苗"成长为一棵"合抱之木",各级党组织倾注了大量心血和汗水,一旦违法乱纪出事,多年辛勤培育都将化为泡影! 党员干部必须本着"惩前毖后、治病救人"的出发点,拿起批评和自我批评这个有力武器,通过积极健康的思想交锋,让"红红脸、出出汗"成为常态,真正把思想灰尘、行为之垢扫干净、洗彻底。

监督管理从严,倡导家庭社会合力。从严监督管理干部,必须在家庭层面构筑监督线。为什么习近平总书记多次强调家风? 因为在干部的成长道路上,家风的好坏直接影响干部的所作所为。而且除平常八小时工作制之外,干部接触最多的就是家人,因此要充分发挥家人的作用,在组织防线外加筑一条家庭监督线,主动提醒,管好干部的各种圈子,做到上班下班一个样。从严监督管理干部,还要在社会层面构筑监督线。从发生的不

---

① 毛泽东选集(第二卷)[M]. 北京:人民出版社,1991:359.

正之风情况来看，有的群众早有举报，却未引起重视，最终导致问题越发严重，主要原因还是群众监督的渠道不够通畅。要广泛发动群众，运用信箱、电话、网络等廉政监督举报方式，使干部时时刻刻注意自己的行为举动，形成不敢腐、不能腐、不想腐的高压态势。让党员干部养成在阳光下工作和生活的习惯，真正做到老老实实做人、规规矩矩为官、踏踏实实干事。

执纪问责从严，维护党纪法规权威。从通报的干部违法乱纪情况来看，一些党员干部的贪污犯罪就是从笑纳一瓶酒、一条烟开始的，小腐成大腐、小贪成大贪，一步步滑向腐败深渊。这么多党员干部误入歧途，原因很多，但党组织对干部监督管理失之于宽、失之于软，是其中重要原因之一。"万事皆归于一，百度皆准于法"，在执纪过程中要坚持该怎么处理就怎么处理，该从重的绝不从轻，该从轻的绝不从重，真正作出经得起历史检验、经得起时间检验，让群众真正服气的结论，维护党纪法规的权威性。在执纪过程中，对那些不收敛不收手的，要在符合党纪法规的基础上从严从重从快处理，形成有效的震慑。依法从严执纪，"依法"在前，"从严"在后，只有切实按照党规法纪办事情，才能真正将党中央依法治国的决策指示贯彻下去，严密编织起防治腐败的制度笼子。

（三）建立健全从严管理干部长效机制

严管出好干部，贵在"常""长"二字。从严管理干部只有进行时，没有休止符。注重全面从严，一严到底。

要用高标准严管干部。中国共产党对干部的要求，首先是政治上的要求。党员干部只有坚定理想信念，才能炼就"金刚不坏之身"。好干部必须本领过硬。本领过硬是好干部的基本素质。党章明确规定，党的干部要"有胜任领导工作的组织能力、文化水平和专业知识"。党员干部要念好马克思主义的"真经"，不断提高运用马克思主义分析和解决实际问题的能力。好干部必须作风过硬。作风过硬决定了事业的兴衰成败。作风过硬，要坚持弘扬党的优良作风特别是要坚持理论联系实际、密切联系群众、批评与自我批评这三大作风。好干部必须责任过硬。责任过硬是好干部的履职之要。党内职务不是政治荣誉，而是政治责任，好干部必须做到心中有责。权力就是责任，有权就有责。心中有责，就是要不忘初心、牢记使命。好干部必须纪律过硬。纪律过硬是好干部的从政底线。要尊崇党章，要遵守国家法律，更要坚持和遵守党的优良传统和工作惯例。

严格请示报告制度。请示报告制度并非凭空产生，它是建党、治党、强党过程中的一项宝贵经验和重要制度，是全体党员及党组织必须自觉执行的政治纪律，是保证党的路线方针政策得以贯彻的重大政治设计，也是新时代下推进全面从严治党的重要法宝。从当前各级检查通报的各类违法违纪问题的情况看，某些单位、党员之所以屡屡出现问题，与一些人员欺报、瞒报、虚报，一些地方存在的形式主义、弄虚作假、各自为政的现象息息相关，这些问题的出现都能从请示报告制度的执行不力、追责不严上找到原因。因此，从严管理干部就是要采取切实措施把严格执行请示报告制度落到实处。

解决干部"带病提拔"问题。习近平同志在浙江工作时就曾指出"悦一人，而千人悦"，说的就是用好一个人，会激活一大片；反之，用坏一个人，就会挫伤一大群。"带病提拔"虽然是少数，但社会危害性很大，伤害干部选拔机制的公信力，损害党委及其组织部门的形象。破解"带病提拔"这个干部工作聚焦点、攻坚点，必须坚持严实要求，注重领导把关，着力构建科学选人用人、防止"带病提拔"的制度机制。党委承担选人用人主体责任，主要负责人承担第一责任，既能及时发现使用优秀干部人才，又要防止"带病提拔"，坚决把不合格人选剔除在外。要敢于打破干部经过动议、进入推荐考察程序后，一般"不拿下"的心理预期和工作状态，把"先放放"作为一种选项，建立暂缓和终止上会的机制，以此将"带病"干部"拒之门外"，努力建设一支素质过硬的干部队伍。

推动干部能上能下。1962年，邓小平同志在《执政党的干部问题》一文中曾提及："多少年来，我们对干部就是包下来，能上不能下。现在看来，副作用很大。"[①]长期以来得不到有效解决的干部"能上能下"问题，其重点和难点在于解决"能下"的问题。要切实把思想政治工作这一"传家宝"贯穿到领导干部能上能下领域中去，强化全心全意为人民服务的宗旨意识。有了"亲民"之心，领导干部也就有了"能下"的群众基础。要创新干部任用方法，干部任用要"上""下"同一管道，上下联动，在根本上畅通"进出管道"。被调整下来的干部往往会担心组织对他们的冷落、担心永无出头之日，产生消极情绪，这就需要有相应的制度做保障，以制度刚性确保"能下"得到落实，以公开公正公平确保"下来的人"心悦诚服。

"木受绳则直，金就砺则利。"习近平总书记提出的"严的主基调不动摇""以严的主基调强化正风肃纪"，是党员干部的立身之本、立德之本、立言之本、立功之本，是全面从严治党发出的新的动员令。星空高冷，

---

① 邓小平文选（第一卷）[M]. 北京：人民出版社，1994：329.

闪烁的是共产主义理想境界；底线如同"堤坝"，起最后的规制和保护作用。欲得其中，必求其上；欲得其上，必求上上。党员干部肩负历史使命，守望头顶的朗朗星空，要以"吾日三省吾身"的精神，带头遵守各项规定，让作风硬起来，把能力提上去，才能志之所向，无坚不摧，才能让美丽中国清风浩荡、万众归心。

第六章

发扬钉钉子精神加强作风建设

习近平总书记指出:"要真正做到一张好的蓝图一干到底,切实干出成效来。我们要有钉钉子的精神,钉钉子往往不是一锤子就能钉好的,而是要一锤一锤接着敲,直到把钉子钉实钉牢,钉牢一颗再钉下一颗,不断钉下去,必然大有成效。如果东一榔头西一棒子,结果很可能是一颗钉子都钉不上、钉不牢。"①党的二十大报告指出:"我们持之以恒正风肃纪,以钉钉子精神纠治'四风',反对特权思想和特权现象,坚决整治群众身边的不正之风和腐败问题,刹住了一些长期没有刹住的歪风,纠治了一些多年未除的顽瘴痼疾。"②发扬钉钉子精神加强作风建设,要始终对准固牢"党同人民群众血肉联系"发力,攻坚克难,不断纠正实践中的错误偏差,以永远在路上的执着狠抓落实本领,为建设世界上最强大的政党提供保障。

一、以保持党同人民群众的血肉联系为核心

2020年9月8日,习近平总书记在全国抗击新冠肺炎疫情表彰大会上

---

① 习近平.发扬钉钉子的精神,一张好的蓝图一干到底[M]//习近平谈治国理政(第一卷).北京:外文出版社,2018:400.

② 习近平.高举中国特色社会主义伟大旗帜 为全面建设社会主义现代化强国而团结奋斗——在中国共产党第二十次全国代表大会上的报告[M].北京:人民出版社,2022:13.

强调:"历史和现实都告诉我们,只要毫不动摇坚持和加强党的全面领导,不断增强党的政治领导力、思想引领力、群众组织力、社会号召力,永远保持党同人民群众的血肉联系,我们就一定能够形成强大合力,从容应对各种复杂局面和风险挑战。"① 这一重要论述深刻阐释了人民群众始终是我们党的力量之源,是我们党执政兴国牢不可破的根基。

(一)保持党同人民群众的血肉联系要方向正确,初心不改

作为中国共产党人,我们的目标和使命是为人民谋幸福,为民族谋复兴,为世界谋大同。这一初心使命是中国共产党人为之努力奋斗一生的思想脊梁和前进动力。践行初心使命要坚持以人民为中心,与人民心连心,同呼吸,共命运,把人民的最大利益作为全党同志工作的出发点和落脚点。同时,在失败中总结经验,反思挫折,进一步坚定信仰,锻造顽强的意志。一百多年来,我们党始终尊重人民,履行承诺,用实际行动证明中国共产党人说话是算数的。

姜仕坤同志是贵州大山里成长起来的干部,深知贫困山区群众的疾苦,带领群众脱贫致富是他人生的夙愿。在晴隆县工作6年多里,他始终以对党的赤诚之心、对人民的公仆情怀,投入脱贫攻坚的主战场,任劳任怨、恪尽职守,赢得贫困地区群众的信任与爱戴。他经常白天进村入户,在农村访贫问计,到企业调研座谈,足迹遍布县里所有乡镇、村居,晚上赶回城里开会到深夜,以近乎痴迷的状态,探索晴隆精准脱贫的道路。他说,

---

① 习近平. 在全国抗击新冠肺炎疫情表彰大会上的讲话[N]. 人民日报, 2020-09-09(02).

脱贫攻坚，开局就是决战，起步就是冲刺，我们等不起、慢不得。在他主导下，晴隆大力发展山地旅游业，点亮"二十四道拐"这张旅游名片，做活"羊、茶、果、蔬、烟、薏"六大特色产业文章，实现经济、生态、扶贫"三效"同步。面对破旧的县城环境，他带领干部群众攻坚克难，在县城扩容改建中让群众得实惠。在他任职的2010年至2015年，晴隆全县生产总值从20.89亿元增加到55.13亿元，财政总收入从3.4亿元增加到7.63亿元，贫困人口从16.5万人下降到7.91万人。工作多年来，他始终保持艰苦朴素的本色，帆布公文包，用了四五年不舍得换，运动鞋穿到褪色泛白不舍得扔。他一心扑在工作上，社会交往简单，严格要求家属子女，从不干涉建设工程招投标等经济活动。他在贫瘠的土地上破局开路、耕耘坚守，把自己的一切都献给了晴隆脱贫攻坚事业。①

新时代新征程，坚持全心全意为人民服务的初心，处理好党和人民群众利益的关系，正确处理各种利益问题，要立足于本职工作，坚定不移、全面深入地贯彻党的基本路线和各项方针政策，以求真务实的态度，在工作中从实际需要和现实出发，发扬党的优良传统和作风，脚踏实地为人民的利益而尽职尽责，扎扎实实地为人民办实事、谋利益。

（二）保持党同人民群众的血肉联系要敢于实践，身体力行

中国共产党的根基在人民、血脉在人民、力量在人民。人民是党执政兴国的最大底气，始终保持同人民群众的血肉联系是我们党的最大政治优

---

① 一心只为老百姓过上好日子——姜仕坤同志事迹简介[N].光明日报，2018-06-29(05).

势。党与人民群众的关系犹如鱼与水,是不可分割的有机整体,中国共产党自从成立以来便和人民群众休戚与共、荣辱与共,中国共产党在任何时期都离不开人民群众,中国共产党始终将根深深植在人民群众之中。

1964年春天,正当领导着兰考人民同涝、沙、碱斗争胜利前进的时候,焦裕禄的肝病也越来越重了。很多人都发现,无论开会,还是作报告,他经常把右脚踩在椅子上,用右膝顶住肝部。他棉袄上的第二和第三个扣子是不扣的,左手经常揣在怀里。人们留心观察,发现他越来越多地用左手按着时时作痛的肝部,或者用一根硬东西顶在右边的靠椅上。日子久了,他办公坐的藤椅上,右边被顶出了一个大窟窿。周边的人都劝他休息,而他只是笑笑,又埋头进入与沙丘的抗争中。1964年,焦裕禄同志因积劳成疾,肝癌去世,临终前对组织上唯一的要求,就是他死后"把我运回兰考,埋在沙堆上,活着我没有治好沙丘,死了也要看着你们把沙丘治好"。①

新时代新征程,作为党员干部,要像焦裕禄同志一样,讲实话、办实事,真正把求真务实融入自己的工作和生活之中。对打基础、利长远、惠民生的事,要以"功成不必在我、建功必须有我"的胸怀主动作为,一以贯之抓好落实。

(三)保持党同人民群众的血肉联系要心怀理想,锲而不舍

坚定理想信念,坚守共产党人的精神追求,始终是共产党人安身立命的根本。共产党人只有树立了崇高而坚定的理想信念,才能始终不渝、锲

---

① 穆青、冯健、周原. 县委书记的榜样——焦裕禄 [N]. 浙江日报,2014-03-19(04).

强党之问
——怎样建设长期执政的马克思主义政党

而不舍,"先天下之忧而忧,后天下之乐而乐",坚定不移为实现既定目标而奋斗。

钟扬同志坚定执着、不畏艰险,毕生致力于生物多样性研究与保护,每年跋山涉水数万公里盘点西藏高原植物资源,收集上千种植物的4000多万颗种子,历时3年将全世界仅存的3万多棵国家一级保护植物——西藏巨柏逐一登记在册,为国家和人类储存下绵延后世的基因宝藏。他攻关10年,在上海成功引种红树林,创造了世界引种最高纬度,为海岸生态打造了新的屏障。他十六年如一日把生命最宝贵的时光献给祖国雪域高原,帮助西藏大学成功申请西藏第一个国家自然科学基金、第一个生态学博士点、第一个生物学教育部创新团队,培养了藏族第一位植物学博士,带领西藏大学生态学科入选国家"双一流"建设一流学科名单,填补了西藏高等教育一系列空白,将西藏大学生物多样性研究成果推向世界。他心怀大爱、因材施教,把每个学生都当成宝贵种子,精心呵护帮助学生成长成才,深受学生崇敬和爱戴。他梦想"为每个少数民族培养一位植物学博士",热心科普教育,培养的少数民族学生遍布西部省份,成为民族地区教育科研的骨干。他淡泊名利、勤勉务实,从不追求职级待遇,担任生命科学学院常务副院长、研究生院院长后,探索推出系列改革举措,受到同行广泛关注和好评。他用逐梦的一生、拼搏的一生、奉献的一生彰显了共产党员的崇高精神和人格力量。①

新时代新起点,来自各方面的困难、风险、挑战肯定还会不断出现。越是这个时候,越需要坚定理想信念,积极准备应对重大挑战、抵御重大

---

① 把爱的种子播撒在祖国雪域高原——钟扬同志事迹简介 [N]. 光明日报,2018-06-29(05).

风险、克服重大阻力。只有坚定的理想信念，才能让党员坚持正确的政治方向，经受住各种风险和困难考验。有了坚定的理想信念，就没有实现不了的理想，就没有完成不了的任务。"革命理想高于天。没有远大理想，不是合格的共产党员；离开现实工作而空谈远大理想，也不是合格的共产党员。"[①]对于每名党员来说，就是要把对马克思主义的信仰、对社会主义和共产主义的信念作为毕生追求，坚定对中国特色社会主义的道路自信、理论自信、制度自信、文化自信。

二、坚持问题导向，突出重点

党的二十大报告提出："必须坚持问题导向。"[②]把问题作为研究制定政策的起点，把工作的着力点放在解决最突出的矛盾和问题上。当前群众深恶痛绝、反映最强烈的问题，仍然是"四风"问题（形式主义、官僚主义、享乐主义和奢靡之风）。"四风"问题严重损害了党在人民群众中的形象，严重损害了党同人民群众的血肉联系。解决"四风"问题，需要深挖思想之根和问题之根，以壮士断腕、刮骨疗毒的决心和毅力，坚决把党风廉政建设和反腐败斗争进行到底。

---

① 习近平.关于坚持和发展中国特色社会主义的几个问题[M]//习近平关于全面从严治党论述摘编.北京：中央文献出版社，2016：58.

② 习近平.高举中国特色社会主义伟大旗帜　为全面建设社会主义现代化强国而团结奋斗——在中国共产党第二十次全国代表大会上的报告[M].北京：人民出版社，2022：20.

强党之问
——怎样建设长期执政的马克思主义政党

（一）坚持问题导向，突出重点，必须深化对作风建设的认识

作风建设是党的建设的永恒主题，中国共产党在领导革命、建设、改革和进行党的伟大自我革命过程中，始终坚持党的作风建设，把建设党的事业与建设良好的作风紧紧地联系在一起。优良的作风是党的先进性和纯洁性的重要标志，关乎民心向背、关乎执政未来。

党的优良作风是马克思主义政党区别于其他政党的显著标志。一个政党具有什么样的作风是由其性质决定的，不同的政党具有不同的作风。近现代中国历史上，孙中山先生领导的中国国民党曾经以先进政党发挥过进步作用，但后来蒋介石领导的国民党则实行专制独裁，导致党内作风腐败，只顾升官发财，无视人民利益、镇压群众运动及争权夺利，最终被中国人民所抛弃。毛泽东同志提炼概括三大优良作风时明确指出，这是我们共产党人区别于其他任何政党的显著标志。习近平总书记指出，我们党有着强大的人格力量，"人格力量集中体现为我们党的优良作风"。把党的作风与人格力量相联系，深刻揭示了马克思主义政党先进本质的独特性。中国共产党在领导革命、建设和改革的历史实践中，正是以优良作风彰显了人格力量，从而铸刻了马克思主义政党的显著标志。

执政党的作风事关党的生死存亡。这一观点蕴含着深厚的历史逻辑和实践逻辑。早在新民主主义革命时期，党中央就深刻认识到作风事关革命成败，毛泽东指出："我们要完成打倒敌人的任务，必须完成这个整顿党内作风的任务。"[①] 习近平总书记指出："工作作风上的问题绝对不是小事，

---

① 毛泽东选集（第三卷）[M]. 北京：人民出版社，1991：812.

第六章 发扬钉钉子精神加强作风建设

如果不坚决纠正不良风气，任其发展下去，就会像一座无形的墙把我们党和人民群众隔开，我们党就会失去根基、失去血脉、失去力量。改进工作作风，就是要净化政治生态，营造廉洁从政的良好环境。"①世界政党政治实践尤其是社会主义国家共产党丧失执政地位的惨痛教训，说明了党的作风的极端重要性。我们党强调脱离群众是党执政的最大危险，强调"得民心者得天下，失民心者失天下"，依据就是执政党作风事关党的生死存亡这个重大论断。

发扬党的优良作风是党长期执政的必然要求。党的优良作风贵在坚持，发扬党的优良作风必须始终保持思想和行动自觉。马克思主义经典理论为加强共产党的建设提供了丰富的思想宝库，但对于执政条件下如何加强共产党自身建设则必须经过实践的检验。我们党以全心全意为人民服务为根本宗旨，进一步提出"立党为公、执政为民"的诉求，在探索执政作风上开拓了马克思主义建党学说的新境界。中国共产党创造了人类历史上的新型政党制度，确立了长期执政的地位，不断增强党的阶级基础和扩大党的群众基础，有力地巩固了党的执政地位。党中央深刻认识到，党的作风建设将直接影响执政地位的长期保持和巩固。尤其是在苏联解体和东欧剧变之后，我们党把加强党的执政能力建设提上议程加以高度重视和突出强调，发扬党的优良作风植入党的执政话语体系，为马克思主义党建思想作出了独特的贡献。纵观党的作风建设历程，思想的淬炼促进了我们党不断走向成熟，不断收获成果，不断增添新能量。

---

① 习近平. 在第十八届中央纪律检查委员会第二次全体会议上的讲话[M]// 习近平关于全面从严治党论述摘编. 北京：中央文献出版社，2016：148.

（二）坚持问题导向，突出重点，不能只清理"浮出水面"的表象，要深挖根源

从根本上解决问题，把钉子钉到最深，发挥出问题导向、突出重点的真正意义。当问题发生的时候我们第一时间都会想着前去解决问题，但在我们选择解决方案的时候就难免会出现分歧，有人直接深挖到底，从源头解决问题，有些人只是致力于解决目前的困境，不做长远的打算，治标不治本。古人曾说"莫看江面平如镜，要看水底万丈深"，作风建设也是一样，不能只浮于表面，要有刨根问底的决心与魄力，发扬钉钉子精神持之以恒、脚踏实地地加强作风建设，坚决纠治各种不正之风。

坚决纠正工作作风的"庸、懒、散"不正之风。解决"庸"的问题就需要着力解决一些干部能力过于平庸、业务能力不够精、缺乏创新意识的问题，从思想上切实整治工作不求过硬、只求过得去的庸碌无为的作风，坚决纠改遇事牢骚满腹、怨天尤人的负能量现象以及谋人不谋事甚至阳奉阴违、言行不一的不良品行，工作中见困难就退、见问题就推、见矛盾就回避的毫无担当的作风。解决"懒"的问题就需要着力改变一些干部精神状态萎靡不振、事业心责任感严重不足、干事创业缺乏热情、得过且过熬资历等提拔的问题，切实解决一些干部业务工作能力不够强、政策执行不得力、工作落实不到位的不良现象，坚决纠治工作中推卸责任、回避矛盾、效能低下、敷衍塞责等不作为、慢作为的懒散习气。解决"散"的问题就需要改变基层同志办事和接待人民群众时服务意识不强，语气生硬、漫不经心的散漫态度，"只挂号，不看病"等服务工作中存在的作风散漫的问题，严肃整顿玩心太重、纪律松弛、擅离职守的歪风邪气，坚决纠治工作中自

由散漫，有令不行、有禁不止的现象。

新时代新征程，我们正行进在实现中华民族伟大复兴的新长征路上，面对的很多问题都是新的，如何探索新的工作方式、如何发挥新的职能、如何进行新型群众关系的探索，每一项工作任务都是新的，都没有现成的经验可循，没有现成的道路可走，都需要党员干部开拓创新、敢试敢闯，杀出一条血路，闯出一条新路来。如果因怕犯错而缩手缩脚，畏缩不前，不敢大胆工作，什么样的机遇都会丧失，什么样的新境都难以开辟，不是被别人甩在后面，就是被时代淘汰。当然，要让党员干部放手工作，组织也应建立完善容错机制，容许干部在工作中特别是改革创新中的失误。须知干事业是有风险的，要容许试错，不能期望每一项工作只成功不失败，要给干事者以总结经验、重整旗鼓的机会，以去其忧、励其志、助其行。

坚决纠正领导作风中的"假、浮、蛮"不正之风。坚决杜绝欺上瞒下、弄虚作假等违法违纪行为，切忌急功近利，热衷于做表面文章、搞政绩工程的问题，坚决反对群众观念淡薄、不管不顾群众意愿和利益的错误倾向。党员干部要牢固树立"功成不必在我"的正确政绩观念。切实防止党员干部下基层工作调研走马观花、浮光掠影的虚假作风，制定决策流于形式的漂浮作风，不顾实际只求"成绩"的蛮干作风。坚决纠正工作检查上做表面文章，只局限于听汇报、看材料，不去切实了解、解决实际问题的不良现象。坚决彻底纠正依法行政意识淡薄，政策法规和工作制度执行不严格、落实不到位及防范隐患风险意识淡薄的错误现象。

没有惊天动地的壮举，却致力于解决事关群众切身利益的"民生大计"；没有气壮山河的豪言，却以平凡而精彩的生命诠释着"四讲四有"。这就是"全国优秀县委书记"称号获得者,福建省南平市委常委、常务副市长兼武夷新区党工委书记廖俊波的写照。工作27年来,廖俊波同志始终心系群众,以深入一线、敢于担当、功成不必在我的情怀,勤勉敬业、忘我工作,为群众做好事、办实事、解难事,向我们展示了"一线总指挥"的时代情怀。3年多时间,政和县贫困人口减少了3万多人,脱贫率达69.1%,让我们见证了这位"全国优秀县委书记"勤政为民的责任担当。廖俊波的一生,是宗旨闪烁的一生,架起的是一座与群众心连心的桥梁。对标廖俊波,党员干部要时刻牢记全心全意为人民服务的宗旨意识,脚步沾土、眼睛朝下,把群众呼声作为第一信号,把群众需要作为第一选择,把群众满意作为第一标准,在赢得群众口碑中唱响人民公仆心系群众的主旋律。

新时代新征程,党员干部要把求真务实体现到干事创业的各个方面,真正把心思集中在"想干事"上,把胆识体现在"敢干事"上,把能力展现在"会干事"上,把目标落实在"干成事"上,努力创造出经得起实践、人民和历史检验的业绩。会场里面研究决策只是"干"的"序曲",而非全部。领导干部走出"文山会海"、靠前指挥、现场办公是推动各项决策落实的"金钥匙"。党员干部尤其是领导干部应该学习廖俊波同志的"现场干事观",能到现场就不到会场,做到情况到一线去了解、问题到一线去解决、工作到一线去推动、任务到一线去落实。

坚决纠正为政不廉的"私、奢、贪"不正之风。切实纠正问题当前首先考虑个人利益得失,不能正确处理组织、他人和个人利益的先后顺序,坚决杜绝私心杂念严重、利用职权便利,为亲属、朋友经商办企业或从事中介活动谋取不正当利益的不良行为。严厉查处为谋求小团体利益、选择性执行上级政令,甚至设法从中阻挠的"中梗阻"现象。着力解决公务消费大手大脚、铺张浪费、超标准接待，不按规定压缩"三公"经费的问题，以及热衷于迎来送往、沉迷于吃喝玩乐的不良作风，坚决纠正不比工作比享乐，不讲绩效讲排场、比阔气、比待遇，违反规定配备和使用公务用车、办公场所豪华装修等不良现象。需要坚决查处办事服务态度差，巧立名目吃、拿、卡、要，搞权力"寻租"、卖官鬻爵的问题，严肃严厉处理联络感情送红包、利用职权收红包、婚丧喜庆大操大办、借机敛财搞腐败的违法乱纪的行为，切实解决干部管理监督上失之于宽、失之于软的不良倾向和错误现象。

2016年"感动中国"人物节目组给阿布列林的颁奖词上说："在细碎的时光中守望使命，以奋斗的精神拥抱生活。执法无私，立身有责，恪尽职守，勤勉为公。在这片土地上，红柳凝聚水土，你滋润心灵。""学习和践行焦裕禄同志亲民爱民、艰苦奋斗、科学求实、迎难而上、无私奉献的精神，是我一生的追求。"新疆维吾尔自治区哈密地区中级人民法院（现为哈密市中级人民法院）退休干部阿布列林·阿不列孜说道。1990年年初，阿布列林·阿不列孜表姐的儿子因涉嫌盗窃被拘留。表姐哭天喊地找上门，要他救救儿子。他对表姐说："不管谁犯法，都要受到法律的制裁，我不能用国家的权力谋私利。"后来，表姐的儿子被依法判刑。阿布列林·阿不列孜先后在哈密市检察院、法院工作了30余年，办理的近千件案件没有一件错捕错诉，没有一件发回重审，没有一件改判或提起再审，件件都是经得起历史检验的铁案。

新时代新征程，党员干部始终都要秉持一颗公心，特别是对待手中的权力，要公私分明，切不可利用职务之便贪婪享受，甚至贪污腐败。杜绝"私、奢、贪"不正之风，才能在人生道路上行稳致远。

（三）坚持问题导向，突出重点，需要刀刃向内，勇于自我革命

《中共中央关于党的百年奋斗重大成就和历史经验的决议》在总结我们党百年奋斗历史经验时指出："党历经百年沧桑更加充满活力，其奥秘就在于始终坚持真理、修正错误。党的伟大不在于不犯错误，而在于从不讳疾忌医，积极开展批评和自我批评，敢于直面问题，勇于自我革命。"[①] 党的二十大报告指出："完善党的自我革命制度规范体系。"[②] 勇于自我革命，是我们党百年奋斗历史的经验结晶，是我们党不断发展强大的重要原因，是新征程上我们党战胜各种风险挑战的必然要求。

勇于自我革命是我们党最鲜明的品格，也是我们党最大的优势。中国共产党始终直面问题，一次又一次利刃向内，使我们党始终站在历史的正确一边不断前行。自我革命的勇气需要全体党员时刻保持清醒意识、忧患意识、危机意识，充分认清精神懈怠、意志衰退的危险，克服停一停、歇一歇的想法，常怀忧党之心、为党之责、强党之志。党员干部以身作则、率先垂范，是深化党的自我革命的重要保证。新时代新征程，深入推进党的自我革命，更需要党员干部身体力行，以上率下，自觉运用党的百年奋斗历史经验，发愤图强、夙夜在公，不负历史、不负时代、不负人民。

勇于自我革命最基础的途径是深入群众、改正错误。勇于自我革命要

---

① 中共中央关于党的百年奋斗重大成就和历史经验的决议 [N]. 人民日报，2021-11-17(01).
② 习近平. 高举中国特色社会主义伟大旗帜　为全面建设社会主义现代化强国而团结奋斗——在中国共产党第二十次全国代表大会上的报告 [M]. 北京：人民出版社，2022：65.

把"改"字贯穿始终，立查立改、即知即改，能够当下改的，明确时限和要求，按期整改到位；一时解决不了的，要盯住不放，通过不断深化认识、增强自觉，明确阶段目标，持续整改。自我革命要对照党纪国法来做好，党员干部严格对照党章及相关条例的要求，看看自己哪些做得不好。自我革命要比照"初心"找差距，党员干部看看自己的一言一行是不是符合党的要求，是不是符合国家法律法规的规定，是不是体现了全心全意为人民服务的宗旨，是不是认真履行了自己的岗位职责。自我革命，必须到群众中去，认真听听群众的声音，听听基层的声音，做到听得进去，改正得了，让群众能获得更多实惠，对我们党更加满意。

勇于自我革命是一项硬功夫，也是全体党员同志的一项基本功。如果一个政党及其党员不善于自我革命，那就会逐渐走向覆灭之路。1927年，秋收起义部队正处于极端困难的境地，毛泽东同志对部队官兵提出要求：行动听指挥，不拿群众一个红薯，打土豪要归公……这就是让人民军队立于不败之地的"三大纪律八项注意"的雏形。多年后的今天，党中央八项规定正深刻地改变着中国社会，成为我们党作风建设的"金色名片"。2021年7月1日，天安门广场东风浩荡、红旗招展，庆祝中国共产党成立100周年大会隆重举行。站在庄严雄伟的天安门城楼上，习近平总书记以宏阔的历史视野，对党的百年辉煌历史作出深刻总结，再次强调自我革命的重要性："我们党历经千锤百炼而朝气蓬勃，一个很重要的原因就是我们始终坚持党要管党、全面从严治党，不断应对好自身在各个历史时期面临的风险考验，确保我们党在世界形势深刻变化的历史进程中始终走在时代前列，在应对国内外各种风险挑战的历史进程中始终成为全国人民的主心骨!"①

自我革命,是一项重要的"生存本领",需要全体党员切除自身的思想"肿瘤",以永远的刀刃向内的勇气加强自身建设,这样党才能永葆青春,才能永远富有生命力。

三、党的作风建设永远在路上

党风问题关系执政党的生死存亡。习近平总书记指出:"作风建设永远在路上,永远没有休止符,不可蜻蜓点水,不可虎头蛇尾,不可只是一阵风,否则不仅不可能从根本上解决问题,而且会导致作风问题不断反弹、愈演愈烈,最后失信于民。这方面过去有不少教训,要好好记取。"②党的作风建设伴随全面从严治党永远在路上,没有间歇的时候,更不允许有丝毫的松懈。一百多年历史实践积淀了党的作风建设丰富的经验,这笔宝贵的资源是把我们党建设得更加坚强有力的优势所在。

(一)必须从决定党的事业成败的高度持续推动党的作风建设

政党是有着共同的政治纲领、政治路线、政治方针、政治立场、政治理想、政治生活的政治组织。党的政治立场、政治纪律、政治规矩、政治要求、政治标准融入党的作风之中。这就要求我们必须从政治的高度认识

---

① 习近平.在庆祝中国共产党成立100周年大会上的讲话[N].人民日报,2021-07-02(02).

② 习近平.在听取兰考县和河南省党的群众路线教育实践活动情况汇报时的讲话[M]//做焦裕禄式的县委书记.北京:中央文献出版社,2015:62.

党的作风建设，作风问题本质上是政治问题。党中央强调，脱离群众是我们党最大的执政危险，这是把作风提到了党的建设的最高层面。党的政治建设决定着作风建设的方向和效果，党的政治建设发挥着统领作用，必须贯穿在党的作风建设全过程。党的作风建设永远在路上，必须把继承党的优良传统、发扬党的优良作风与政治发展规律紧密结合，认真贯彻落实《中共中央关于加强党的政治建设的意见》，实现党的政治建设与作风建设相辅相成、协调推进的创新发展。

1944年，中国农历甲申年，郭沫若同志挥笔写就了《甲申三百年祭》，集中分析了明朝历时276年而亡、李自成政权得而复失的原因，在社会各界引起强烈的反响。国民党顽固派认为，这篇文章大逆不道，是在影射蒋介石统治当局，于是动用权力，从舆论上肆意进行封锁和围剿。蒋介石发布命令说，不能"听其谬种流传"，必须"共同纠正这一种思想，毫不姑息，毫不放松"。远在陕北延安的毛泽东同志读了这篇文章之后，敏锐地认识到，该文对于中国共产党人的兴衰成败具有既现实又长远、既鲜明又重大的针对性和指导性，并立即指示全党认真学习，要求"把它当作整风文件看待"。

党对作风建设重要性的认识，是在革命、建设和改革历史实践正反两方面的经验教训中形成并深化起来的。作风健康就能促进政党兴旺发达，作风歪斜就会导致政党衰落腐朽。事实证明，党的作风是事关党的事业成败的关键。党的百年历史实践中取得的每一个胜利，都证实了两个基本道理：一是要路线正确；二是要作风优良。优良作风是贯彻落实正确路线的保障，没有优良的作风，再好的路线在实践中也会偏离正确的目标。党的实践留给我们的启示是，路线错误必然产生作风不正的现象，而有时制定了正确路线也会出现这样那样的作风问题，我们更要警惕的是后一种情况，即如何以优良的作风确保正确路线得到有力执行。延安整风运动时，毛泽东同志就是在我们党路线正确的情况下看到了作风问题的严重性。党的十八大以来，以习近平同志为核心的党中央着力反对"四风"，也是我们党在路线完全正确的情况下作出的全面从严治党的战略部署。这表明，端正党的作风对于党的事业举足轻重。对于我们这样一个历经百年淬炼而越发坚强的党来说，丢掉优良作风就意味着丧失了立足的根基。

（二）必须坚持把继承党的历史传统与创新优良作风相结合

党的作风不是自然生成的，也不是一时形成的，它既要经过历史的淬炼，又要推进现实的创新。历史淬炼是党的作风的筛选过程，把不良作风作为靶子进行批判，把优良作风树为示范加以弘扬，彰显党的先进性和纯洁性。现实创新是党的作风发展要求，结合形势发展和时代要求培育党的新作风，是加强党的作风建设的必然要求。党的优良作风体现党的精神品格，但是继承传统不是简单地复制历史，创新才能更好地发扬。以党的三大优良作风为例，理论与实际相结合，实际总在深入发展，理论需要随着实际发展而与之进行结合；密切联系群众，群众的对象范围和愿望诉求不断在变化，需要根据新的形势加强与人民群众的联系；批评和自我批评是党的优良传统，而批评什么和怎样批评会因时因地而不同，需要按照新内容新要求开展。实践深入发展不断提出党的作风建设新要求，时代变化赋予党的优良作风新内涵。党的作风建设没有一劳永逸的效果，也没有一成不变的定局，党的优良作风必须在不断创新中传承，在传承中推进创新。

第六章
发扬钉钉子精神加强作风建设

新时代加强党的作风建设是接续奋斗的历史延伸，内容非常丰富，内涵十分深刻。加强党的作风建设是坚定理想信念的必然要求，作风与信念是共产党人外表与内里的关系，内里的灵魂高尚了，外表的作风才能清正，作风不实不正不廉，一定是理想信念上出了问题。加强党的作风建设必须树立正确的权力观。领导干部必须时刻清楚这一点，做到公私分明、克己奉公、严格自律。加强党的作风建设要以制度做保证，既注重规范惩戒、严明纪律底线，更引导人向善向上，发挥理想信念和道德情操引领作用，保持共产党人的高尚品格和廉洁操守。在全面从严治党的实践中，制度建设与作风建设有机结合开创了党的建设新局面，为作风建设形成长效化保障。

风成于上，俗化于下。党的作风建设中领导干部历来是重点，"上正下不歪"，领导干部作为"关键少数"，在党的作风建设上具有风向标的意义。领导干部承担着继承和发扬党的优良作风的责任。在历史实践中，我们党涌现出许多深受群众爱戴的优秀领导干部，无论是党和国家的领导人，还是长期战斗在第一线的基层干部，他们身上表现出来的优良作风为全党树立了楷模。好作风塑造好干部，不同历史时期好干部的作风要求不一样。"好干部的标准，大的方面说，就是德才兼备。同时，好干部的标准又是具体的、历史的。不同历史时期，对干部德才的具体要求有所不同"，"现在，我们提出政治上靠得住、工作上有本事、作风上过得硬、人民群众信得过等具体要求，突出了好干部标准的时代内涵"[①]。习近平总书记这一论述明确指出了干部衡量标准与时俱进的课题，包含着新时代的领导

---

① 习近平.着力培养选拔党和人民需要的好干部[M]//习近平谈治国理政（第一卷）.北京：外文出版社，2018：412.

干部既要发扬焦裕禄精神，又要根据党肩负的新使命形成更高的标准。必须把作风过硬与创新党的作风紧密结合，在统筹推进中国特色社会主义事业"五位一体"总体布局、"四个全面"战略布局和"四个伟大"历史使命中，以领导干部新的作风形塑党的新时代形象，用发展和创新的优良作风为党领导全体人民实现中华民族伟大复兴提供坚强保证。

（三）必须推动党的作风建设从解决表层现象向挖掘深层次问题发展

党的作风建设需要认真总结经验，遵循规律，实现发扬党的优良作风与永葆党的先进性和纯洁性相统一。从党的历史实践可以看到一个现象，许多作风上的问题不是没有发现，党中央也不是没有采取措施加以解决，但整治的效果往往不明显，有的不正之风经过整治虽然暂时有所缓解，但不久又重新发生，有的甚至一边在整治一边还在发生。习近平总书记把这个现象称为"怪圈"。这说明保持发扬党的优良作风不容易，而不良作风又具有顽固性。走出这个"怪圈"，党的作风建设就不能局限于就事论事的思维方式，必须"既有治标举措，也有治本方略"。作风建设方面存在的问题，往往具有复杂的社会背景和思想根源。正因为如此，改进作风必须着眼解决深层次问题，敢动真格的。党员干部要有一种敢于较真碰硬的胆识和勇气，既要克服笼而统之、大而化之地抓作风建设，又要防止和稀泥、当老好人，避重就轻、抓小放大、流于形式。制度具有根本性、稳定性、全局性、长期性，工作落实，关键还是要落实制度。要把作风建设放在党的先进性建设前提条件下，找准各级干部在思想作风、学风、工作作风、领导作风和生活作风等方面存在的突出问题，总结特点，把握规律，健全机制，进一步增强工作落实的主动性、连续性和预见性，有效遏制不良作风的形成和蔓延。要强化责任机制，通过落实作风建设责任制，形成一级抓一级、层层抓落实的良好局面。要完善监督机制，认真落实民主生活会、述职述廉、诫勉谈话等制度，积极拓展监督渠道，增强监督合力，强化干部自律意识。要建立学习机制，推动党员干部理论学习的经常化、制度化、规范化，让学习成为党员干部加强修养、提高素质的第一需要。

党的十八大以来，党中央聚焦作风建设持续发力。党的群众路线教育实践活动、"三严三实"专题教育、"两学一做"学习教育、"不忘初心、牢记使命"主题教育，每一次都要求全体党员加强作风建设，查找自身不足，深入群众之中，为群众办实事、解难事。一次次活动，一场场教育，提升了党员的思想素质，更是树立了党员的作风形象。一名党员干部在人民群众中有好的形象，就会有很强的号召力、凝聚力、向心力，就能够凝聚民心、集中民智、汇聚民力。新时代10年，党中央带领全国人民解决了长期想解决而没有解决的难题，办成了过去想办而没有办成的大事，全体党员的作风形象焕然一新，全国人民精神面貌焕然一新，人民群众对党的信赖不断增强。

风清则气正，气正则心齐，心齐则事成。中国共产党在一百多年奋斗实践中一路向前，留下的惊心动魄的精彩故事，构成了人们难以忘却的历史记忆。奋斗的历史已为既往，更好地前进才能开辟美好的未来。"全党同志一定要不忘初心、继续前进，永远保持谦虚、谨慎、不骄、不躁的作风，永远保持艰苦奋斗的作风，勇于变革、勇于创新，永不僵化、永不停滞，

强党之问
—— 怎样建设长期执政的马克思主义政党

继续在这场历史性考试中经受考验,努力向历史、向人民交出新的更加优异的答卷!"①习近平总书记提出的这一要求,突出了党的优良作风对于百年征程后再出发的重要意义,值得全体共产党员时刻铭记在心、发扬光大。

---

① 习近平. 在庆祝中国共产党成立九十五周年大会上的讲话[N]. 人民日报,2016-07-02(02).

第七章

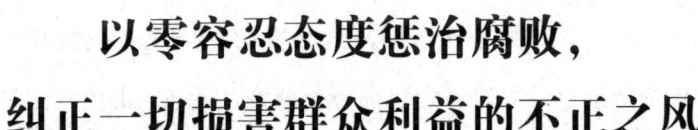

以零容忍态度惩治腐败，纠正一切损害群众利益的不正之风

强党之问
——怎样建设长期执政的马克思主义政党

"以零容忍态度反腐惩恶。"① 零容忍,是庄严的政治承诺,不仅彰显了我们党反腐败的坚定立场,昭示了反腐败的政治定力,而且传递了以雷霆之势反腐惩恶,打好自我革命攻坚战持久战的清晰信号。相对于"远在天边"的"老虎",人民群众对"近在眼前"的"蝇贪"感受更为真切,"微腐败"也可能成为大祸害。我们党反腐败必须迎难而上、知难而进。要始终做到保持惩治腐败高压态势,坚决惩治群众身边的腐败和作风问题,一体推进追逃防逃追赃工作,为建设一个世界上最强大的政党提供动力。

一、始终保持惩治腐败高压态势

习近平总书记指出:"人民群众最痛恨各种消极腐败现象,最痛恨各种特权现象,这些现象对党同人民群众的血肉联系最具杀伤力。一个政党,一个政权,其前途和命运最终取决于人心向背。我们必须下最大气力解决好消极腐败问题,确保党始终同人民心连心、同呼吸、共命运。"② 党的十八大以来,党中央探索出依靠党的自我革命跳出历史周期率的成功路径,

---

① 习近平. 高举中国特色社会主义伟大旗帜 为全面建设社会主义现代化强国而团结奋斗——在中国共产党第二十次全国代表大会上的报告[M]. 北京:人民出版社,2022:69.
② 习近平. 在十八届中央政治局第五次集体学习时的讲话[M]// 习近平关于全面从严治党论述摘编. 北京:中央文献出版社,2016:178.

党在革命性锻造中更加坚强。同时，我们也要看到，腐败和反腐败较量始终没有停止，必须始终坚持有腐必惩彰显坚强决心；突出惩治重点，形成强力震慑；用好"四种形态"，深化标本兼治；建立长效机制，增强反腐合力；纠正一切损害群众利益的不正之风。

（一）坚持有腐必惩，彰显坚强决心

以无禁区、全覆盖、零容忍的坚定决心推进反腐败斗争。习近平总书记在十九届中央纪委六次全会上深刻指出："我们要保持清醒头脑，永远吹冲锋号，牢记反腐败永远在路上。"①要时刻保持清醒头脑，切实增强政治自觉、思想自觉、行动自觉，坚持无禁区、全覆盖、零容忍，有力削减存量、有效遏制增量。要时刻保持冲锋姿态，把严的主基调长期坚持下去，绝不能滋生已经查到底、严到位、管到头的情绪，永葆政治上、思想上、组织上、制度上对腐败的压倒性力量。

坚持重遏制、强高压、长震慑的雷霆手段，坚决遏制腐败。腐败表面上是经济问题，本质上是政治变质，实质是对党和人民赋予权力的背叛。要以刀刃向内的勇气向党内顽瘴痼疾开刀，坚持重遏制、强高压、长震慑，及时发现、着力解决"七个有之"等问题，在严厉惩治、形成震慑的同时，健全完善制度，坚持严的主基调不动摇，确保底线常在、"后墙"坚固，不断强化不敢腐、不能腐、不想腐的政治氛围和有效机制。不敢腐，侧重于惩治和威慑，让意欲腐败者在带电的高压线面前不敢越雷池半步；不能腐，

---

① 坚持严的主基调不动摇 坚持不懈把全面从严治党向纵深推进[N].人民日报，2022-01-19(01).

侧重于制约和监督,让胆敢腐败者在严格监督中无机可乘;不想腐,侧重于教育和引导,着眼于产生问题的深层原因,让人从思想源头上消除贪腐之念。

坚持行贿受贿一起查、"老虎""苍蝇"一起打的猛药去疾。现实中,"围猎"现象之所以频频出现,与一定程度的重受贿、轻行贿反腐失衡有着紧密联系。只有坚持受贿行贿一起查,对拉拢腐蚀干部、谋取不法利益的"围猎"者形成震慑,斩断利益输送贪腐链、破除权钱交易关系网,才能更好地深化反腐败斗争,扎实推动经济社会健康发展。要着力构建惩治行贿受贿行为一盘棋的总体格局,既注重全面查处、联合惩戒,又注重宣教引领、综合治理,不断压缩行贿的生存空间。要坚持从党中央做起,既对"关键少数"特别是"一把手"提出更高标准,进行更严监督,又对广大党员提出普遍性要求,实现管党治党从"惩治极少数"走向"管住大多数"。

(二)突出惩治重点,形成强力震慑

重点突出,才能精准发力、事半功倍。面对依然严峻复杂的反腐败斗争形势,只有抓住主要矛盾、突出惩治重点,才能进一步强化震慑、遏制效果。要紧盯重点人、重点问题,不能搞胡子眉毛一把抓,全面巩固拓展反腐败斗争压倒性胜利。

突出重点领域执纪监督。重点人群、重点领域、重点岗位利益和资源相对集中,面临的腐败风险挑战大,违纪违法问题往往易发多发,对党的执政基础危害性大。要加大执法力度,结合开展政法队伍教育整顿,严肃查处政法系统干部违纪违法案件,深化国资国企反腐败工作,一体推进惩

治金融腐败和防控金融风险，深挖彻查"影子公司""影子股东"等隐性腐败，坚持发现一起查处一起。要严格财经纪律，促进防范和化解地方政府隐性债务风险，坚决查处基础设施建设、公共资源交易等方面腐败问题，持续推进金融领域腐败治理，深化国企反腐败工作，斩断权力与资本勾连纽带，规范资本市场有序运行。

管住"关键少数"监督重点。领导干部的家风，不仅关系自己的家庭，而且关系党风政风。各级领导干部要带头落实《关于加强新时代廉洁文化建设的意见》，从思想上固本培元，提高党性觉悟，增强拒腐防变能力，增强政治敏锐性和政治鉴别力，提高反腐败的说服力。要继承中华优秀传统文化，弘扬革命前辈的红色家风，做到廉以修身、廉以持家，教育督促亲属子女和身边工作人员走正道，防止"枕边风"成为贪腐的导火索，有效防范领导干部配偶、子女及其配偶经商办企业及涉外行为违纪违法产生的风险问题，切实做家风建设的表率。

强化对年轻干部从严管理。年轻干部是党和国家事业的接班人，肩负着重要的历史责任和时代责任。各级党组织要紧密结合年轻干部思想实际，深入开展理想信念教育、党纪法规教育，引导其树立正确的世界观、人生观、价值观，胸怀大志，明大德、守公德、严私德，清清白白做人、干干净净做事，扣好人生第一粒扣子。各级纪检监察机关要加强对年轻干部的日常监督，前移监督关口，拓宽监督渠道，不断增强监督的时效性、精准性，将风险隐患消除在萌芽状态，强化"不敢腐"的震慑。

（三）用好"四种形态"，深化标本兼治

"四种形态"具体是指在监督执纪时：经常开展批评和自我批评、约谈函询，让"红红脸、出出汗"成为常态；党纪轻处分、组织调整成为违纪处理的大多数；党纪重处分、重大职务调整的成为少数；严重违纪涉嫌违法立案审查的成为极少数。"四种形态"充分体现了我们党铁腕反腐、惩前毖后的坚决态度，包含严管厚爱、治病救人的良苦用心。实践监督执纪"四种形态"，绝不意味着放松高压惩治腐败，不是对严重违纪轻处分，更不是把涉嫌违法问题当作违纪来处理，而是覆盖所有的违纪情形，对违纪问题无论情节多么轻微、涉及金额多么小，都要寸步不让，始终把纪律规矩挺在前面，从根本上治理腐败。

各级纪检监察机关要将"四种形态"落实到执纪执法全过程，以"惩前毖后，治病救人"的方针，统筹运用党性教育、政策感召、纪法威慑，做到纪法情理融合，力求教育挽救大部分干部，实现监督执纪执法由"惩治极少数"向"管住大多数"拓展。要坚持严肃、负责、慎重，做到每一种形态适用都精准规范，体现实事求是，分类施治、分层施策，精准把握适用形态，实现政治效果、纪法效果、社会效果相统一，处理好"惩、治、防"的辩证统一关系。要坚持严管厚爱结合，突出激励约束并重，综合考虑事实证据、思想态度和法纪标准，做到宽严相济、精准得当。对于问题轻微、真心悔错改错的，充分运用第一种形态予以批评教育帮助，力求无病常防、初病早治。

坚持"抓早抓小、防微杜渐"。抓早抓小、关口前移，防止"小毛病"变成"大问题"，是科学合理运用监督执纪"四种形态"的重要体现。要严格监督执纪问责，对管党治党失之于宽松软，搞一团和气，不负责、不

担当,造成严重后果的"好好先生",严肃问责。要加强对党员干部的执纪执法检查,发现有不规范或违规违纪风险的,及时提醒、批评教育;发现违规行为,特别是作风不实、政绩观偏差、不依规依纪依法的,立刻纠正。要紧盯"小毛病""小问题",强化过程监督,坚决避免"违纪只是小节、违法才去处理",严格用纪律的标尺衡量党员干部行为,使之真正把组织的纪法监督时刻铭记于心,筑牢不可触碰的纪律底线。

坚持"有腐必惩、有贪必肃"。要严格把握监督执纪"四种形态"之间相互转化的条件,在依规依纪依法审查调查前提下,紧紧抓住态度这个变量,综合考虑性质情节,精准运用政策策略,区别对待不同态度和问题性质的党员干部。要坚持"惩"的力度不断加大、"严"的氛围日益浓厚,让党员干部因身边的违纪违法人员被查处而受到思想冲击、引以为戒,避免重蹈覆辙,从惧怕被查处的"不敢",变成敬畏党纪国法的"不敢"。

(四)建立长效机制,增强反腐合力

制度事关根本,关乎长远。加强反腐倡廉建设,既要解决思想问题,也要解决制度问题,把权力关进制度的笼子里,为新时代全面打赢反腐败这场正义之战注入强大动力,推动党的制度优势更好转化为治国理政的实际效能。

健全教育预防机制。反腐倡廉教育是基础。要把反腐倡廉教育纳入党的宣传教育总体部署,整合纪委、组织、宣传、司法、文化等部门力量,创新教育形式,从理想信念、法纪条规、职业教育和公民道德教育入手,注重教育的超前性、针对性和灵活性,增强教育的感染力、渗透力和吸引力,

使教育生动活泼，入脑入心，培养全体党员干部的高尚道德情操，增强遵纪守法、廉洁自律的自觉性，筑牢拒腐防变的思想道德和党纪国法防线。

健全责任工作机制。明确责任是抓好落实的重要基础。工作中，类似"踢皮球"问题，很多就在于责任不清，导致推诿扯皮。因此，保证工作不缺位、不越位、不错位，避免干部不作为、慢作为、乱作为，必须有更清晰、可追溯的责任体系。要以反腐败领导体制和工作机制等制度建设为重点，就如何落实党委统一领导、党政齐抓共管、纪委组织协调、部门各负其责、群众支持参与等方面作出具体规定，确保整个反腐败工作协调一致、良性运行。突出抓好责任追究这个环节，真正形成"一把手负总责""谁主管谁负责"的工作机制，分解任务，细化目标，确保反腐败各项任务落到实处、见效见底。

健全监督约束机制。要严格党内监督，坚持民主集中制原则，发展党内民主，通过开展批评和自我批评，增强党员干部贯彻执行党的路线方针政策、履行党员义务、行使党员权利的自觉性和主动性。要拓展监督渠道，把党内监督和党外监督、专门机关监督和群众监督、自上而下监督和自下而上监督紧密结合起来，加大监督力度，提高监督效能。

坚持把强化监督与廉洁自律紧密结合起来。教育引导广大党员干部对照要求、对照目标，自觉筑牢思想防线，建立思想的"防火墙"，强化党规党纪意识，明确行为的"警戒线"，始终坚持立党为公，把好权力的"方向盘"，发挥示范引领作用，树起改进作风的"风向标"，自重、自省、自警、自励，保持为民务实清廉的政治本色，自觉同特权思想和特权现状作斗争，坚决预防和反对腐败，进一步强化自我修炼、谨言慎行、慎独慎微、慎始慎终，清清白白为官，干干净净做事，老老实实做人。

二、坚决惩治群众身边的腐败和作风问题

习近平总书记说:"一个马克思主义政党,要保持先进性和纯洁性,实现崇高使命,必须'以补过为心,以求过为急,以能改其过为善,以得闻其过为明',一刻不放松地解决自身存在的问题,始终跟上时代、实践、人民的要求。"①"我们党之所以有自我革命的勇气,是因为我们党除了国家、民族、人民的利益,没有任何自己的特殊利益。"②民心是最大的政治,正义是最强的力量。"坚决整治群众身边的不正之风和腐败问题"③,始终做到凡是人民群众反映强烈的问题都严肃认真对待、着力解决,凡是损害人民群众利益的行为都严肃执纪问责、坚决纠正,使人民群众获得感更足、幸福感更可持续、安全感更有保障。

(一)站稳人民立场,时刻保持警觉清醒

立场问题,事关党的性质宗旨本色。全心全意为人民服务,鲜明表达了我们党的根本立场和态度。只有牢牢站稳人民立场,紧紧地与人民群众站在一起,才能忠实践行全心全意为人民服务的根本宗旨。

---

① 习近平.党必须勇于自我革命[M]//论坚持全面深化改革.北京:中央文献出版社,2018:326.

② 习近平.党必须勇于自我革命[M]//论坚持全面深化改革.北京:中央文献出版社,2018:326.

③ 习近平.高举中国特色社会主义伟大旗帜 为全面建设社会主义现代化强国而团结奋斗——在中国共产党第二十次全国代表大会上的报告[M].北京:人民出版社,2022:13.

强党之问
——怎样建设长期执政的马克思主义政党

坚持为人民服务的根本宗旨。治国有常,而利民为本。"江山就是人民、人民就是江山,打江山、守江山,守的是人民的心。""中国共产党一经诞生,就把为中国人民谋幸福、为中华民族谋复兴确立为自己的初心使命。"① 不忘初心、牢记使命,是贯穿我们党百年奋斗历程的鲜明主题,响亮回答了"中国共产党是什么、要干什么"的根本问题。人民立场始终是我们党抓纪律、强作风的出发点和落脚点。要顺应人民群众的新期待,始终保持党同人民群众的血肉联系,坚持人民群众反对什么痛恨什么,就坚决防范和纠正什么,驰而不息纠"四风"树新风,坚决惩治群众身边的腐败和作风问题,使人民群众在正风肃纪反腐中有更多的获得感、幸福感、安全感,不断夯实党长期执政的政治根基。

积极践行党的群众路线。"群众路线是我们党的生命线和根本工作路线,是我们党永葆青春活力和战斗力的重要传家宝。不论过去、现在和将来,我们都要坚持一切为了群众,一切依靠群众,从群众中来,到群众中去,把党的正确主张变为群众的自觉行动,把群众路线贯彻到治国理政全部活动之中。"② 坚持群众路线,核心的问题是党要始终保持同人民群众的血肉联系,"始终接受人民批评和监督,始终同人民同呼吸、共命运、心连心,不断巩固全国各族人民大团结,加强海内外中华儿女大团结,形成同心共圆中国梦的强大合力。"③

强化人民满意工作导向。坚持人民至上,关键是要把人民拥护不拥护、

---

① 习近平. 在庆祝中国共产党成立 100 周年大会上的讲话[N]. 人民日报,2021-07-02(02).
② 习近平. 在纪念毛泽东同志诞辰一百二十周年座谈会上的讲话[M]//十八大以来重要文献选编(上). 北京:中央文献出版社,2014:697.
③ 习近平. 高举中国特色社会主义伟大旗帜 为全面建设社会主义现代化强国而团结奋斗——在中国共产党第二十次全国代表大会上的报告[M]. 北京:人民出版社,2022:70.

赞成不赞成、高兴不高兴、答应不答应作为衡量一切工作得失的根本标准。"要深入学习贯彻党的十九届六中全会精神、党的二十大精神，持之以恒推进党史学习、教育、宣传，引导全党坚定历史自信，让初心使命在内心深处真正扎根，把忠诚于党和人民落到行动上，继承弘扬党的光荣传统和优良作风，为党和人民事业赤诚奉献，在新的赶考之路上考出好成绩。"①要把正风肃纪反腐的着力点放在促进党员干部廉洁用权、为民用权上，紧盯涉及百姓切身利益的重点领域，着力根治群众身边的沉疴痼疾，以勇于自我革命的决心和实际行动确保权力来自人民、服务人民。

（二）找准治理靶向，着力解决突出问题

"持续深化纠治'四风'，重点纠治形式主义、官僚主义。"②形式主义、官僚主义是党和国家事业发展的大敌，是人民群众最厌恶的一种为政陋习，与我们党确立的全心全意为人民服务的根本宗旨和实事求是的优良作风背道而驰。形式主义背后是功利主义、实用主义作祟，政绩观错位、责任心缺失。官僚主义背后是官本位思想，严重脱离实际、脱离群众。只要在整治形式主义、官僚主义问题上，找准问题的关键所在、靶向发力，就能积累作风精进的点滴成效，营造风清气正的政治生态。

坚决纠治形式主义、官僚主义。形式主义和官僚主义一样，它是以脱离实际、脱离群众为其最突出特征的。形式主义、官僚主义盛行，主要是

---

① 坚持严的主基调不动摇　坚持不懈把全面从严治党向纵深推进[N].人民日报，2022-01-19(01).

② 习近平.高举中国特色社会主义伟大旗帜　为全面建设社会主义现代化强国而团结奋斗——在中国共产党第二十次全国代表大会上的报告[M].北京：人民出版社，2022：68.

一些领导干部的群众观念淡化，脱离实际，不了解群众真正想什么。漠视侵害群众利益、加重基层负担，是典型的形式主义、官僚主义顽瘴痼疾，稍不留神就会反弹，稍不注意就会改头换面、隐形变异，必须坚持抓常、抓细、抓长，始终发扬钉钉子精神一抓到底。要把准基层减负重点，进一步健全长效机制，加强常态监管，建立崇尚实干、带动担当、加油鼓劲的正向激励体系，不断激发基层党员干部干事创业的动力活力，使改革成果不断惠及广大人民群众。要巩固基层减负成效，着眼长远、真抓实干，积极主动为基层干部减负，为基层治理能力增效，鼓励广大基层党员干部多做让群众看得见、摸得着、得实惠的事。

严查做表面文章、不担当问题。要严格执行《党委（党组）落实全面从严治党主体责任规定》和《中国共产党问责条例》，围绕明责、履责、督责、问责等关键环节，完善配套措施，健全责任落实制度体系，着力解决责任落实浮于表面、层层递减等突出问题，推动全面从严治党向基层一线、向群众身边延伸。要切实履行党内监督主体责任，强化上级党组织对下级党组织的监督，加强领导班子内部监督，推动监督和被监督成为自觉，推动党委（党组）主体责任、书记第一责任人责任和纪委监委监督责任贯通联动、一体落实。要抓好纪检监察机关责任落实，督促党的组织、党员领导干部切实担负起该负的责任，强化对涉及群众切身利益问题不担当、不作为、慢作为的问责。

严治不尊重群众需求、简单化乱作为问题。"领导干部必须心存敬畏、手握戒尺。"[①]党员干部来自人民、代表人民，手中的权力是党和人民赋予的，

---

① 习近平. 在中央政治局"三严三实"专题民主生活会上的讲话 [M]// 习近平关于全面从严治党论述摘编. 北京：中央文献出版社，2016：113.

只有心存敬畏，严以律己，谨言慎行，权力才不会用偏，行为才不会越界。从近年来全国查处的违反中央八项规定精神问题看，不担当、不作为、乱作为、假作为问题较为突出。各级党委要强化政治引领、占据思想高地、统筹各方力量、层层压实责任、巩固群众基础，不折不扣贯彻落实党中央各项决策部署，加强对基层党组织的工作指导和督促检查，切实把权力关进制度的笼子里。各级纪检监察机关要加强对各种违纪违法行为的监督和查处，紧盯不尊重客观实际和群众需求的乱作为问题及推诿扯皮、玩忽职守、不思进取的不作为问题，因地制宜采取有力有效举措严肃纠治，以过硬作风保障党中央决策部署落实落地。

（三）严肃执纪问责，维护群众切身利益

二十大报告177次提到"人民"这个词，强调"确保党和人民赋予的权力，始终用来为人民谋幸福"[①]。党员干部要深刻认识到我们党来自人民、植根人民、服务人民，以高度的政治觉悟、思想自觉、行动自觉，认真履行党章赋予的职责，加强监督执纪问责，以自身实际行动助力正风反腐。

管好"关键少数"。令严方可肃党威，命重始于整纲纪。"现在基层的种种问题，很多是因为党员、干部心里没有群众，不去做、不想做、不会做群众工作，少数干部或无视群众期盼，或不敢应对诉求，在群众面前处于失语状态。"[②] 要从强化一把手责任担当入手，坚持书记抓、抓书记，

[①] 习近平. 高举中国特色社会主义伟大旗帜　为全面建设社会主义现代化强国而团结奋斗——在中国共产党第二十次全国代表大会上的报告 [M]. 北京：人民出版社，2022：14.

[②] 习近平. 重整行装再出发，以永远在路上的执着把全面从严治党引向深入 [M]// 习近平谈治国理政（第三卷）. 北京：外文出版社，2020：508.

推动一把手真正把责任担起来,把从严治党第一责任人责任履行好。要强化追责严格问责,倒逼主体责任落实,对那些不识大势、跟不上趟,在涉及群众关切、反映强烈、关系民生等方面不作为、不担当的领导干部,坚决实行"一案双查",让问责成为制度、形成常态。

严格执纪执法。要坚持严的主基调,认真履行纪检监察机关监督专责,紧紧围绕党中央决策部署,强化党委(党组)巡视整改主体责任,认真履行整改监督责任,加强对基层单位一把手和领导班子落实全面从严治党责任、执行民主集中制、依规依法履职用权等情况的监督。要盯紧"小微权力",深化监督执纪"四种形态"运用机制,常态化排查群众身边腐败和不正之风,密切关注"四风"苗头性、倾向性、隐蔽性问题,针对基层单位违纪违法问题多发现象,探索交叉监督和提级监督,深化以案促改成效。要创新方式方法,建立事前预警、事中纠偏、事后倒查的全过程监督模式,用好信息化手段,将基层纪检监察预警系统嵌入已有的业务信息化流程中。

细化监管责任。习近平总书记指出:"健全党统一领导、全面覆盖、权威高效的监督体系,完善权力监督制约机制,以党内监督为主导,促进各类监督贯通协调,让权力在阳光下运行。推进政治监督具体化、精准化、常态化,增强对'一把手'和领导班子监督实效。发挥政治巡视利剑作用,加强巡视整改和成果运用。"[①]要推动"打伞破网"常态化,建立自然资源、生态环境、水利等行业部门和政法机关的统筹和协同机制,实现常态巡察和应对突发情况整体联动,横向纵向畅通,确保"管"得有力,守牢党风

---

① 习近平. 高举中国特色社会主义伟大旗帜 为全面建设社会主义现代化强国而团结奋斗——在中国共产党第二十次全国代表大会上的报告 [M]. 北京:人民出版社,2022:66.

政风关口，遏制行政执法中贪腐问题滋长蔓延。要发挥群众监督、社会监督和舆论监督作用，畅通监督平台，鼓励更多社会力量参与监督，做好及时曝光，把腐败问题扼杀在萌芽阶段。

三、一体推进追逃防逃追赃工作

反腐败国际追逃追赃，是全面从严治党和反腐败斗争的重要内容，关系党心民心，必须构建高效工作机制，协同发力，切实做到有逃必追、一追到底，一体推进追逃防逃追赃工作。"推动二十国集团、亚太经合组织、《联合国反腐败公约》等多边框架下的国际合作，实施重大专项行动，把惩治腐败的天罗地网撒向全球，让已经潜逃的无处藏身，让企图外逃的丢掉幻想。"①

（一）发挥制度优势，坚持党的集中统一领导

坚持和加强党的全面领导。党的集中统一领导是我国国家制度和国家治理体系的显著优势，是反腐败追逃追赃工作得以提档提速的根本保证，是近年来追逃追赃取得显著成效的根本原因。党的十八大以来，习近平总书记多次就加强海外追逃追赃工作作出重要指示。党中央明确国际追逃追赃工作由中央反腐败协调小组负责统筹协调，并对追逃追赃工作的准确定位、重要部署、具体指导，从政治、思想、组织等方面有效强化了党对追逃追赃工作的领导。要深刻领悟"两个确立"的决定性意义，增强"四个

---

① 习近平. 坚定不移推进党风廉政建设和反腐败斗争 [M]// 习近平谈治国理政（第二卷）. 北京：外文出版社，2017：166.

意识"、坚定"四个自信"、做到"两个维护",不折不扣贯彻落实党中央关于追逃追赃工作的决策部署要求,在方向和立场、原则和理念、政策和策略、思路和行动上,始终与党中央保持高度一致,确保党的领导贯穿追逃追赃工作全方位、全过程。

推动制度优势转化为治理效能。作为深化反腐败斗争、遏制腐败蔓延势头的重要一环,追逃追赃工作政治性强、涉及面广、参与部门多,决定了必须发挥好制度顶层设计优势,不断提高追逃追赃工作成效。当前和今后一个时期,我国反腐败国际追逃追赃工作应当紧紧围绕推动国家治理体系和治理能力现代化目标,充分发挥党的领导和中国特色社会主义制度的优越性,始终坚持中央与地方同部署、共推进,发挥各级追逃办统筹协调、督促服务作用,建立常态化、长效化、协同化的协调联席会议机制,对标对表中央部署要求,制定任务清单,明确部门职责,压实责任,狠抓落实。各单位既要各司其职、分兵把守,又要密切协作、综合治理,汇聚反腐败追逃追赃国际合作合力,真正把制度优势转化为治理效能,使追逃追赃工作体制机制更加系统集成、协同高效。

(二)强化协同发力,构建高效顺畅工作机制

坚持上下联动、左右互通。攥指成拳,聚力前行。党的十八大以来,追逃追赃工作一改过去"九龙治水"的局面,建立起上下联动、左右互通的协调机制,形成了强大的工作合力。要"一体构建追逃防逃追赃机制"[①],

---

① 习近平. 高举中国特色社会主义伟大旗帜 为全面建设社会主义现代化强国而团结奋斗——在中国共产党第二十次全国代表大会上的报告 [M]. 北京:人民出版社,2022:69.

这是追逃追赃攥指成拳、形成合力的关键因素。过去一段时间，追逃追赃职能分散在多个部门，形成了各部门"铁路警察、各管一段"的工作格局。这一多头管理的工作格局，不可避免地会出现责任不明、协调不力等问题，由于工作形不成合力，加上一些国家以法律差异等为借口设置障碍，一些外逃腐败分子得以潜逃多年，成为难啃的"硬骨头"。要形成横跨纪检、司法、外交、公安、金融等领域，纵贯中央、省区市、地市三级的有效工作机制，使追逃追赃力量得到高度整合，使个案突破的策略更优化、手段更丰富、工作更高效。要压实政治责任，这是推动追逃追赃持续向纵深发展的强大推力。各级党委要紧紧抓住落实责任这个保底工作，不断强化看齐意识，切实担负起第一责任人的责任，坚持以追回"重点人员"为突破口，全面加强对追逃追赃工作的组织领导，通过摸清外逃人员底数、明确任务分工、层层签订责任状、实行逐级督办制度等有效措施，把压力传导到位，提升其抓追逃追赃工作的积极性和主动性。

坚持密切协作、综合治理。落实纪法贯通、规法衔接的要求，加快健全和完善相关制度机制，是确保追逃追赃工作取得实效的有力抓手。各级纪检监察机关要加强与公安、检察、审判、司法等各成员单位的联系，主动会同其他成员单位建立健全各项联动、衔接机制。对线索处置、案件调查情况，要在规定期限内通报其他成员单位，对重大复杂疑难案件，要技术分析情况，加强调度和督导，增强案件查办的震慑作用。同时，各成员单位要依规依纪依法开展工作，加强事前沟通、事中配合、事后跟进，做到纪律和法律相互贯通、法律之间紧密衔接，让线索处置和案件查办经得起历史和实践检验。要加大社会宣传力度，选取联合办案、防逃追逃等方面的典型案例广泛报道，增进群众对反腐败协调工作的信任和理解，营造反腐败齐抓共管的良好社会氛围。

坚持国内国际一盘棋，汇聚反腐合力。党中央将国际追逃追赃工作提升到国家政治和外交层面，纳入反腐败工作总体部署，为追逃追赃工作奠定了坚实政治基础。要积极参与全球反腐败治理，全面履行《联合国反腐败公约》义务，秉持多边主义立场，维护以联合国为核心的反腐败国际治理体系，展现负责任大国良好形象，推动国际反腐败秩序向更加公平公正的方向发展。要广泛参与反腐败多双边合作，加强与联合国、二十国集团、亚太经合组织、国际刑警组织等国际组织及在"一带一路"框架下的反腐败合作，充分阐述我国的立场和主张，积极搭建反腐败国际合作平台，增强国际话语权和规则制定权，完善多边执法合作网络，坚决打击跨国腐败犯罪，拒绝成为腐败分子和腐败资产的"避罪天堂"，为构建人类命运共同体作出中国贡献。要聚焦外逃人员集中的重点国家，磋商签署反腐败合作协议，建立更加高效的双边反腐败合作机制，推动建立赃款冻结、没收、返还合作机制。要加强境外廉洁风险防控，进一步完善国有资产境外监管制度，强化制度执行力，继续举办"一带一路"参与企业合规经营培训班，稳步推进廉洁丝绸之路机制化建设，提升"走出去"企业廉洁合规经营意识和能力，共建风清气正的廉洁丝绸之路。

（三）坚持依规依法，提高追逃追赃法治水平

规范依法没收违法所得程序。不能让外国成为一些腐败分子的"避罪天堂"，要切断腐败分子的后路；把惩治腐败的天罗地网撒向全球，让已经潜逃的无处藏身，让企图外逃的丢掉幻想。这是党中央对人民的誓言承

诺。过去，外逃腐败分子"贪了就跑，一跑就了"，如今这一情形一去不复返，有逃必追、一追到底，异国他乡再也不是腐败分子妄想的"避罪天堂"。国家监察体制改革后，从违法所得没收到缺席审判，从引渡到遣返，一次次生动实践，表明我国运用法律手段追逃追赃的能力越来越娴熟，追逃追赃工作规范化、法治化水平逐步提升。为了严密法网，新修订的《中华人民共和国刑事诉讼法》首次规定了违法所得没收程序，为犯罪嫌疑人、被告人逃匿、死亡情况下没收违法所得及其他涉案财产提供了直接法律依据。《中华人民共和国监察法》第四十八条规定："被调查人逃匿，在通缉一年后不能到案，或者死亡的，由监察机关提请人民检察院依照法定程序，向人民法院提出没收违法所得的申请。"2021年9月20日，国家监察委员会公布《中华人民共和国监察法实施条例》，对监察机关适用违法所得没收程序作出更加细化的规定，依法启动违法所得没收程序，由人民法院对相关违法所得及其他涉案财产作出冻结、没收裁定，请有关国家（地区）承认和执行，并予以返还。作为追逃追赃的有效法律武器，规范违法所得没收程序，有助于最大限度挽回国家损失，切断外逃腐败分子资金链，从而挤压外逃人员在境外的生存空间。违法所得没收程序之所以能发挥如此关键的作用，在于其作为法律手段，从制定之日起就服务于追逃追赃工作，它的不断健全完善，与追逃追赃的实践相辅相成。启动违法所得特别没收程序，正是为了应对贪腐人员将非法资产转移至境外，试图逃避我国法律制裁的困境。

完善对外合作法律依据。腐败是全球性挑战，反腐败是世界各国面临的共同任务。近年来，我国以成功的追逃追赃实践引领反腐败国际合作，占据国际道义制高点，赢得了海内外广泛支持和赞誉。同时，追逃追赃工作的实践发展,也在很大程度上推动和促进了涉外法律体系的健全和完善。2018年,全国人大常委会通过了《中华人民共和国国际刑事司法协助法》,将国家监察委员会列为国际刑事司法协助的主管机关,完善了职务犯罪案件国际刑事司法协助机制,完善了我国对外合作的法律依据,使《联合国反腐败公约》《联合国打击跨国有组织犯罪公约》及我国同外国签订的刑事司法协助条约等,在国内真正"落地"。一系列追逃追赃领域的重点立法,又为反腐败国际追逃追赃走向规范化法治化提供了强有力的支撑。截至2021年12月10日,我国已与82个国家缔结引渡条约、司法协助条约、资产返还与分享协定等共170项,与59个国家和地区签署金融情报交换合作协议,初步构建起覆盖各大洲和重点国家的反腐败执法合作网络。要搭建追逃追赃国际合作平台,加快与外逃目的地国签署引渡条约、建立执法合作,加大交涉力度,突破一批重点个案,使企图外逃分子丢掉幻想、望而却步。要加强对国际规则和国际组织情况研究,深入了解和掌握有关国家的相关法律和引渡、遣返规则,及时掌握国际反腐败最新动态,提高追逃追赃工作的针对性。

建设高素质专业化追逃追赃工作队伍。追逃追赃工作政治性、政策性、专业性强,只有建立一支专业化的人才队伍,才能实现可持续、高质量发展。适应新时代新任务新要求,着力强化追逃追赃机构队伍建设,选优配强专业人员,强化培训教育和调查研究,重视国际规则学习运用,熟悉和掌握国内和涉外反腐败法律规定,加强对世界主要国家追逃追赃法律制度和国际执法合作理论的研究,把握当今世界规则博弈特点,补齐基层追逃追赃能力短板,整体提升开展对外执法合作的意识和能力,使从事追逃追赃工作的干部具备国际视野和国际眼光,掌握政策理论和专业知识,通过学习和实践不断增强斗争本领，努力成为全面从严治党和反腐败斗争的尖兵。要突出抓好纪检监察干部队伍，使其成为尊纪尊法、学纪学法、守纪守法、用纪用法的模范，确保执纪执法规范高效使用，争做忠诚干净担当、敢于善于斗争的战士。加强对经典案例和成熟做法的研究总结，把有效管用的经验固化为工作机制和战术战法，着力提高追逃追赃专业化水平。要以扎实纪律作风建设，坚决反对和打击各种危害法治、破坏法治、践踏法治的行为，把对法治的尊崇、对法律的敬畏转化为思维方式和行为方式，营造办事依法、遇事找法、解决问题用法、化解矛盾靠法的法治环境。

　　天下为公，人民为大；世间之力，人心为最；桃李不言，下自成蹊。忘记了人民，脱离了人民，我们就会成为无源之水、无本之木，就会一事无成。我们要坚持党的群众路线，心中常思百姓疾苦，脑中常思为民之策，始终保持惩治腐败高压态势、坚决惩治群众身边的腐败和作风问题、一体推进追逃防逃追赃工作，始终接受人民群众批评和监督，使我们党永远赢得人民群众信任和拥护，使党的事业始终拥有不竭的力量源泉。

第八章

抓住"关键少数" 以上率下

党的十八大以来，以习近平同志为核心的党中央从社会主体论思想方法出发，强调突出抓好"关键少数"，形成了新时代治国理政的中国智慧。习近平总书记在讲话中经常提到的"关键少数"是在特定语境下提出的，主要指领导干部。根据《领导干部报告个人有关事项规定》，领导干部主要是指各级机关、人民团体、事业单位中的县处级副职以上的干部（含非领导职务干部），以及中央企业领导班子成员及中层管理人员，国有企业领导班子成员。面向未来，我们要按照新时代党的建设总要求，继续深化新时代党的建设新的伟大工程，抓住"关键少数"，着力建设世界上最强大的政党。

一、抓住"关键少数"是治国理政的中国智慧

"关键少数"，一般是指事物的最关键、最精华部分，在发展过程中力量最大、作用最大，是推动发展的关键因素，是引领发展的最大优势。在中华传统文化中，治国之道从本质上来讲就是正己正人之道，而"治国必先治吏"是其普遍的共识。马克思曾说过，人们自己创造自己的历史，但是他们并不是随心所欲地创造，并不是在他们自己选定的条件下创造，而是在直接碰到的、既定的、从过去承继下来的条件下创造。

（一）重视"关键少数"是古代中国治国理政的思想共识

在孔子看来，为政者要以身作则，先正己，然后才能正人，只有在实际行动中以上率下，才能成为民众效法的榜样，这就是"其身正，不令而行；其身不正，虽令不从"。《尚书·周书·毕命》中道："惟公懋德，克勤小物，弼亮四世，正色率下。"刘邦在《大风歌》中说："大风起兮云飞扬，威加海内兮归故乡，安得猛士兮守四方！"意思就是说要有一批人来守土，负责站岗放哨。《三国志·魏志·司马朗传》中有云："虽在军旅，常粗衣恶食，俭以率下。"《梁书·良吏传·庾荜》中言："荜再为之，清身率下，杜绝请托，布被蔬食，妻子不免饥寒。"这充分表明重视"关键少数"是中国古代思想家和统治者的思想共识。任何一个国家的治理方式，都会打上自己历史传承、文化传统的烙印，只有汲取前人的智慧和力量，才有助于我们今天找到破解各种难题的"金钥匙"。

（二）重视"关键少数"是我们党的历史经验的科学总结

党的事业胜利与失败，都与"关键少数"作用的发挥情况紧密相连。在革命战争年代，陈延年、赵一曼、左权等先烈视死如归、顶天立地，这种精神贯穿于我们党革命斗争的全过程，成为夺取全国胜利，建立新中国、建设中国特色社会主义的强大精神力量。在和平建设时期，焦裕禄等优秀领导干部自力更生、艰苦奋斗、大公无私、兢兢业业。在改革开放时期，谷文昌、杨善洲、沈浩等优秀领导干部爱党爱国的高尚情怀、廉洁奉公的政治本色、艰苦朴素的清正思想,均在全党全社会产生了巨大的感召力、凝聚力,为我们党的事业顺利推进、兴旺发达提供了宝贵的精神财富。

(三)重视"关键少数"是党应对现实问题的必然选择

在全党"不忘初心、牢记使命"主题教育总结大会上,习近平总书记鲜明指出,"领导干部是党和国家事业发展的'关键少数',对全党全社会都具有风向标作用",强调"在上面要求人、在后面推动人,都不如在前面带动人管用"[①],主要原因在于,一方面,在我国普遍推行权力顶层负责制的今天,抓住了"关键少数",也就是抓住了根本,能起到以点带面、纲举目张的效果,这也符合马克思主义"两点论"和"重点论"的方法论原理。另一方面,党内政治生活状况总体是好的。但是,在肯定成绩的同时,也不能忽视一个时期以来,党内政治生活中出现了一些突出的负面问题,特别是在高级干部中有极少数人政治野心膨胀、权欲熏心,搞阳奉阴违、结党营私、团团伙伙、谋取权位等政治阴谋活动,给党造成了重大损失,这也迫切需要进一步管好"关键少数",以免形成"破窗效应"。这说明全面从严治党突出从严管理"关键少数",抓住了重点,抓住了关键,抓住了要害,体现了问题导向和现实针对性,反映了党中央在管党治党上真管真严、敢管敢严、长管长严的鲜明态度,凸显了党中央敢啃"硬骨头"、敢蹚"深水区"、敢打"大硬仗"的决心、勇气、魄力和智慧,具有强大的感召力和带动力。

---

① 习近平. 在"不忘初心、牢记使命"主题教育总结大会上的讲话[J]. 求是,2020(13).

马克思曾说:"如果你想感化别人,那你就必须是一个实际上能鼓舞和推动别人前进的人。"[①]"关键少数"的模范性行为之所以具有巨大的社会示范效应,是因为其总是会同党在一定历史时期的中心任务联系在一起的,是完成党的历史任务的内在推力。进一步说,没有历史使命的召唤,"关键少数"的模范性行为就会成为无源之水;而缺乏时代内容的"关键少数"的模范行为也会失去效力。从这个意义上讲,党经过革命、建设和改革的洗礼不断探索和积累下来的重视"关键少数"的管党治党行为,是党始终保持先进性的重要法宝。

(四)重视"关键少数"是借鉴世界政党经验教训的重要成果

回顾20世纪苏联解体和苏共垮台,原因很多,其中一个重要原因就是苏共放松了执政党自身建设,导致党内思想混乱,腐败严重,最终丧失了执政地位,葬送了社会主义事业。这一深刻的教训警钟长鸣,要求我们要适应人民事业的发展要求,与时俱进地推进党的建设,抓好"关键少数",持之以恒地把全面从严治党推向深入。

总之,抓好"关键少数"的治国理政方法是我们党从中国特色社会主义现代化建设实际出发,把马克思主义唯物辩证法原理与历史主体论原理运用于中国社会现实,在精准把脉中国国情与突出问题基础上,在治国理政生动实践中探索、认识和把握到的规律性认识,是推进国家治理体系和治理能力现代化的重要创举,体现了治国理政的中国印记与独特的中国智

---

① 马克思恩格斯文集(第一卷)[M].北京:人民出版社,2009:247.

慧。它为 21 世纪各国政党发展中所遭遇的政党治理与现代化的世界性普遍难题的解决，提供了一种中国方案，为世界文明进步贡献了中国智慧，意义重大而深远。

二、抓住"关键少数"，形成"头雁效应"

领导干部是各项事业发展的"主心骨"和"指挥官"，其示范引领作用不言而喻。2018 年 1 月 5 日，习近平总书记在讲话中针对"关键少数"提出了"信念过硬、政治过硬、责任过硬、能力过硬、作风过硬""五个过硬"的具体标准①，期望他们身体力行，以上率下，形成"头雁效应"。"万里人南去，三春雁北飞。"当天气转暖时，雁群在天空中飞翔，最重要的是领头雁。头雁勤，群雁就能"春风一夜到衡阳"；而头雁惰，只会"万里寒云雁阵迟"。这就是头雁效应。

（一）要信念过硬，做新时代初心践行者

崇高的理想、坚定的信念，是党员干部的灵魂。革命理想高于天。一支"关键少数"队伍有了信仰，就会坚强有力，就会无坚不摧；一位"关键少数"有了信仰，就会带动一批人立场坚定，无所畏惧。"关键少数"要做坚定理想信念的表率，必须以实际行动让党员和群众感受到理想信念的强大力量。

---

① 习近平. 推进党的建设新的伟大工程要一以贯之 [J]. 求是，2019(19).

要真信、带头信。坚定理想信念，核心是解决好信的问题。这是领导干部的基本觉悟。领导干部特别是高级干部要按照马克思主义政治家的标准严格要求自己，必须把对马克思主义的信仰、对社会主义和共产主义的信念作为毕生追求，不断增强政治定力，自觉成为共产主义远大理想和中国特色社会主义共同理想的坚定信仰者和忠实实践者，提高抵御各种风险和经受住各种考验的能力。

要真做、从点滴做起，这是对领导干部的基本要求。领导干部特别是高级干部必须永远保持中国共产党人的奋斗精神，自觉为推进中国特色社会主义事业苦干实干，在胜利时和顺境中不骄傲不自满，在困难时和逆境中不消沉不动摇，经受住各种赞誉和诱惑的考验，经受住各种风险和挑战的考验，永葆共产党人政治本色。

要真抓、往实里抓。领导干部不仅要自身在坚定理想信念上过得硬、做表率，更重要的是履行好管思想带队伍的职能，帮助党员和群众补好精神之"钙"，这也是领导干部的基本职责。

（二）要政治过硬，做政治统领的排头兵

党的二十大报告再次强调指出："以党的政治建设统领党的建设各项工作。"[①]重申了党的政治属性。习近平总书记强调："党的高级干部要做严肃党内政治生活的表率，始终把握正确政治方向，坚持政治立场和政治原则，遵守政治纪律和政治规矩，坚守正道、弘扬正气，坚持原则、

---

① 习近平. 高举中国特色社会主义伟大旗帜 为全面建设社会主义现代化强国而团结奋斗——在中国共产党第二十次全国代表大会上的报告[M]. 北京：人民出版社，2022：13.

敢抓敢管。增强政治意识、大局意识、核心意识、看齐意识,最终要落脚在看齐上。"①新时代,政治过硬即要求"关键少数"必须深刻领悟"两个确立"的决定性意义,增强"四个意识"、坚定"四个自信"、做到"两个维护",握好政治方向盘,对党绝对忠诚老实,为党员作出表率。要牢固树立马克思主义的群众观,始终保持同人民群众的血肉联系。正确处理好各种利益关系,善于运用说服教育、示范引导做好新时代的群众工作。关心群众的疾苦,倾听群众的呼声,为群众诚心诚意办实事,尽心竭力解难事,坚持不懈做好事,和群众打成一片,当好人民群众的代言人和主心骨。

必须严守政治纪律和政治规矩。卢梭曾言:"规章只不过是穹隆顶上的拱梁,而唯有慢慢诞生的风尚才最后构成那个穹隆顶上的不可动摇的拱心石。"做一名忠诚老实的领导干部,就是要养成纪律自觉,真正把党规党纪刻印在心上,成为心灵深处的"压舱石""拱心石",做到心有所畏、言有所戒、行有所止。

要自觉坚持求真务实,干实事、解难事、求实效,开拓创新、与时俱进。要始终保持强烈的事业心和责任感,保持锐意进取的激情和艰苦奋斗的韧劲,以火一般的热情对待工作,保持听取各种意见的耐心;带着感情调研,把调查研究同解决群众的实际困难和问题结合起来;带着问题调研,寻求破解工作难题的答案或方法。

---

① 全面贯彻落实党的十八届六中全会精神 增强全面从严治党系统性创造性实效性[N]. 人民日报,2017-01-07(01).

（三）要责任过硬，做担当有为的带头人

大事难事看担当，逆境顺境看襟怀。担当大小，体现着干部的胸怀、勇气、格调，有多大担当才能干多大事业。领导干部要责任过硬，面对大是大非敢于亮剑，面对矛盾敢于迎难而上，面对危机敢于挺身而出，面对失误敢于承担责任，面对歪风邪气敢于坚决斗争。

敢于坚决斗争。党员领导干部身后有千军万马，肩上有千斤重担，在原则和情面面前必须首先讲原则，不讲情面。敢于担当，就能讲原则，这是一个问题的两方面。

勇于直面作为。直面作为是一种胆略，一种能力。新时代领导干部的担当，最重要的是敢于承担难事、棘手的事、得罪人的事，善于处理各种复杂矛盾。做到集思广益，让每个干部都能展示才华、释放潜能、发挥特长，做到民主决策、科学决策、规范决策。

善于奋勇争先。古人云："取法乎上，得乎其中；取法乎中，得乎其下。"工作能否创一流，是态度、思想和事业心的问题；是能力、水平和方法的问题，归根到底是能否担当的问题。领导干部在工作中要敢想高目标，敢定高标准，敢创高水平，不干则已，干就干成、干好、干成精品。

（四）要能力过硬，做带头攻坚克难的模范人

"能力过硬"即要求"关键少数"紧随时代变化，不断完善自我净化、自我完善、自我革新、自我提高能力。加强学习，注重实践锻炼，砥砺担当意志品格，进一步提升综合本领和攻坚克难的能力素质。

提高现代领导力。树立科学世界观和方法论,"不断提高战略思维、历史思维、辩证思维、系统思维、创新思维、法治思维、底线思维能力"[1],切实做到正确有效决策和科学有序施策。善于运用法治思维和法治方式推进工作,努力以法治凝聚改革共识、规范发展行为、促进矛盾化解。着力增强判断谋划的本领,善于把握大局大势,驾驭复杂局面,解决突出问题的能力和素质。

提高科学决断力。要在加强理论知识学习的同时,着重掌握科学的世界观和方法论,在实践中运用马克思主义的立场、观点和方法来观察事物、分析问题,提高工作的科学化水平,打造过硬的决策素质。

锤炼攻坚克难力。新时代新征程,世界之变、时代之变、历史之变正以前所未有的方式展开。发展不平衡不充分问题仍然突出,推进高质量发展还有许多卡点瓶颈,重点领域改革还有不少硬骨头要啃等问题,领导干部只有锤炼"明知山有虎,偏向虎山行"的勇气、勇毅笃行的魄力,全面提升攻坚克难能力,才能在遇到艰巨任务时挺身而出、主动承担,在碰到难题时知难而进、迎难而上,在出现问题时主动面对、负起责任,以踏石留印、抓铁有痕的劲头抓好工作。

(五)要作风过硬,树好廉洁自律的风向标

"关键少数"作风过硬应具体表现为谦虚谨慎、任劳任怨、艰苦奋斗、为民务实等优良品质,能做到洁身自好,有强大的进取心、自信心、道义心、

---

[1] 习近平.高举中国特色社会主义伟大旗帜 为全面建设社会主义现代化强国而团结奋斗——在中国共产党第二十次全国代表大会上的报告[M].北京:人民出版社,2022:20.

敬畏心。

强化进取心,做创新发展的领跑者。进取心是不满足于现状,坚持不懈地追求新目标的一种蓬勃向上的心态。人类如果没有进取心,社会就会永远停留在一个水平上,正如鲁迅先生所说,"不满是向上的车轮"。领导干部的进取心,要落实到真抓实干上,实干是根本,进步是枝叶,只有根深才能叶茂。

树立自信心,做伟大事业的追梦者。自信心是对自我能力、自我价值的积极肯定,是对自我尊重、自我理解的有效表达,是对自己未来一定能成功的一种坚定信念。领导干部要对自己所做的事、所走的路充分自信。只有这样,才能生成追求事业与追梦生活的强大的内在动力。

胸怀道义心,做目光远大的厚德者。李大钊曾经写过一副著名的对联,"铁肩担道义,妙手著文章"。道义心就是心怀道德和正义。有道义心就是要有责任担当、宽容博大,要公道正派、光明正大,要志存高远、目光远大。

常存敬畏心,做工作生活的慎行者。敬畏心是敬重之心和恐惧之心。常存敬畏之心,要有看齐意识,做政治上的明白人。常存敬畏之心,要有边界意识,做言行上的规矩人。常存敬畏之心,要有慎独意识,做生活中的本分人。

可以说,抓"关键少数"立起"五个过硬",就等于抓住了"牛鼻子"。"五个过硬"是一个有机整体,信念过硬是基础,政治过硬是动力,责任过硬是担当,能力过硬是保证,作风过硬是保障,反映的是旗帜问题、使命问题、责任问题、忠诚问题、能力问题,体现的是意志力和战斗力。发挥"五个过硬""头雁效应",既是思想认识问题,更是行为示范问题,需要知行统一贯通落实。

三、抓住"关键少数",坚决贯彻民主集中制

民主集中制是我们党的根本组织制度和领导制度,是党内政治生活的根本原则,是全体党员和党的各级组织的基本行为规范。党的十八大以来,用人的价值取向、方式方法、实际效果发生了很大变化,用人风气正在逐步好转。但从最近受理的涉及"关键少数"的案件来看,仍有不少问题和不贯彻民主集中制有关。党的二十大报告对此郑重提出:"贯彻民主集中制,创新和改进领导方式,提高党把方向、谋大局、定政策、促改革能力,调动各方面积极性。"①

(一)坚决贯彻民主集中制是党的历史经验的科学总结

在党的历史上,这方面有成功的经验,也有失误的教训。曾经的"关键少数"陈独秀、王明、张国焘搞"家长制",个人专断,给我们党的事业造成重大损失。中华人民共和国成立后我们党发生的"左"的错误,都与民主集中制受到破坏有很大关系。我们党在历史上运用民主集中制解决面临突出问题、实现重大历史转折的成功范例也很多,其中较突出的范例有遵义会议和党的十一届三中全会。现实中的大量案件还表明,"关键少数"违纪违法问题大都发生在担任"一把手"期间,他们大多践踏民主集中制,搞"家长制""一言堂",居高临下,当"太上皇",手伸得老长,个人

---

① 习近平. 高举中国特色社会主义伟大旗帜 为全面建设社会主义现代化强国而团结奋斗——在中国共产党第二十次全国代表大会上的报告[M]. 北京:人民出版社,2022:65.

说了算,顺我者昌、逆我者亡,处心积虑树立所谓"绝对权威",大有独霸一方之势。令人触目惊心的是,有的"一把手"案件一查处就是一串人,拔出萝卜带出泥,形成窝犯、集团作案。可以说,这种相互依附、结党营私,必然割断党同人民群众的血肉联系,危害极大。

究其实质,一方面看,这些"关键少数"不愿被监督,他们没有正确的权力观,因此会出现权力独断的现象;另一方面看,民主集中制没有有效贯彻下去是重要因素。民主集中制是党的根本组织原则,是党内政治生活正常开展的重要制度保障。《关于新形势下党内政治生活的若干准则》明确规定:"各级党委(党组)必须坚持集体领导制度。凡属重大问题,要按照集体领导、民主集中、个别酝酿、会议决定的原则,由集体讨论、按少数服从多数作出决定,不允许用其他形式取代党委及其常委会(或党组)的领导。"党的历史证明,什么时候"关键少数"对民主集中制坚持和运用得好,党的事业就前进就发展;什么时候坚持得不好,党的事业就会受到损失甚至遭到破坏。

(二)坚决贯彻民主集中制是维护党中央权威的必然要求

中国共产党是按照民主集中制组织起来的。党章规定:"党是根据自己的纲领和章程,按照民主集中制组织起来的统一整体。"[1]坚持民主集中制的关键是处理好民主与集中的关系。如果对其关系的处理,把握不好度,无论向哪方面有偏移和倾斜,都会损害这个制度,都会对党的事业造成危害。

---

[1] 中国共产党章程[Z]. 北京:人民出版社,2022:32.

党中央权威，表现为中国共产党领导和团结全国各族人民建设中国特色社会主义伟大事业的崇高威望、巨大感召力和最高凝聚力。维护中央权威有两方面的基本含义：一是党中央要有权威，即中央在充分发扬民主的基础上，按照决策程序，进行正确集中，科学地制定出符合客观实际、符合中国人民根本利益和最高利益的路线、方针、政策；二是全党及人民要拥护中央的路线方针政策，并且各地方、各部门要坚决有力地贯彻执行中央的路线方针政策，能够搞活全局、调动方方面面的积极性，由此完整地实现党对国家、中央对地方的统一、有序、正确的领导，进而逐步树立起中央的权威。维护中央权威，"关键少数"同党中央保持高度一致必须是全面的，在思想上政治上行动上全方位向党中央看齐，做到表里如一、知行合一；必须是具体的，不能光口头讲讲，要落实在各方面、各项工作上；必须是坚定的，党中央提倡的坚决响应，党中央决定的坚决照办，党中央禁止的坚决杜绝，任何时候任何情况下都要做到政治立场不移、政治方向不偏。

党章规定的党员必须履行的义务中，明确规定"维护党的团结和统一，对党忠诚老实，言行一致，坚决反对一切派别组织和小集团活动，反对阳奉阴违的两面派行为和一切阴谋诡计"。[1] 党组织不等同于领导干部个人，对领导干部个人尽忠，搞团团伙伙等不正常关系，就是背叛了忠诚于党的政治原则，破坏了党中央的集中统一领导，阻碍了党中央的政令畅通，危害了全国各族人民的根本利益。

---

[1] 中国共产党章程[Z]. 北京：人民出版社，2022：26.

（三）坚决贯彻民主集中制是强化对"关键少数"党内监督的突破口

坚决贯彻民主集中制就是要以党章为根本，以民主集中制为核心，健全和完善民主集中制的运行体制和机制，强化对"关键少数"特别是"一把手"的监督。民主集中制既立足于发扬民主、集体领导，增强创造力，又着眼于严明纪律、集中统一，增强战斗力。民主与集中并行不悖，党内民主是党的生命，集中统一是力量保证。习近平总书记明确要求党的高级干部要自觉做坚持民主集中制的表率，强调"民主集中制是激发党的创造力、保持党的团结统一的根本保证。民主集中制贯彻得怎么样，关键看高级干部做得怎么样"①。党和人民赋予的职位和权力，是为了实现最广大人民群众的根本利益，不是为了少数人的私利。心中无理想，权力必张狂，上级公权私用，下级投机奉迎，有需求，有供应，扭曲的"市场化"上下级关系就会自然而然地形成。针对党内存在的少数负责同志个人说了算的问题，要加强对一把手的监督，认真执行民主集中制，保证领导干部做到位高不擅权、权重不谋私。《关于新形势下党内政治生活的若干准则》明确规定："民主集中制是党的根本组织原则，是党内政治生活正常开展的重要制度保障。坚持集体领导制度，实行集体领导和个人分工负责相结合，是民主集中制的重要组成部分，必须始终坚持，任何组织和个人在任何情况下都不允许以任何理由违反这项制度。"②

---

① 党的群众路线教育实践活动学习文件选编 [M]. 北京：党建读物出版社，2013：13.
② 关于新形势下党内政治生活若干准则（2016年10月27日中国共产党第十八届中央委员会第六次全体会议通过）[M]// 十八大以来廉政新规定. 北京：人民出版社，2019：116.

(四)坚决贯彻民主集中制是"关键少数"提升自身素质的客观要求

坚决贯彻民主集中制,要加强党性和道德修炼。一个政党的衰落,一些党员干部的堕落,往往就是从理想信念的丧失或缺失开始的。因此,加强党性道德修炼,是贯彻民主集中制、破除封建"官本位"思想、自觉抵制"圈子文化"、把好政治灵魂"总开关"的内功。只有心存敬畏、志存高远,才能坚决贯彻民主集中制,不把权力当成控制下属、牟取私利的工具,才能事出公心,才能正确处理同志之间的相互关系,才能形成良好的工作机制和健康的干部选拔机制,下级干部才不至于把个人的命运、升迁寄托于上级领导的身上。

坚决贯彻民主集中制,要时刻牢记服务人民。坚决贯彻民主集中制,破除党内"圈子文化",必须时刻牢记我们始终来自人民、植根人民、服务人民,党的根基在人民、血脉在人民、力量在人民。闻名中外的陈赓将军是黄埔军校学员,在北伐战争时又救过蒋介石的命,蒋介石很看重陈赓同志,想以黄埔军校校长的身份以及高官厚禄来诱使陈赓同志依附在他门下,遭到党性坚强的陈赓同志义正词严的拒绝。人民的利益高于一切,这是共产党人抵制一切"人身依附"的有力武器。

坚决贯彻民主集中制,要提升法治素养。法律是使人类学会驾驭自己的发明。法纪蕴含大智慧,既是人生的"护身符",又是自由的"能行证"。《明史·杂俎》记载,明太祖朱元璋问群臣:"天下何人最快活?"有的说功成名就者,有的说富甲天下者,有的说高官厚禄者,有的说儿孙满堂者……朱元璋皆不以为然,当听到万钢说"畏法度者最快活"时,才频频点头。"畏法度者最快活"蕴含着深刻的哲理。一些"关键少数"无视民主集中制,违法乱纪、违规决策,一个深刻的教训就是长期不学法、不懂法,法治观念淡泊、法治素养低下。现在,国家建设步伐加快,各项法规制度密集出台,不及时深入系统学法,素质就会跟不上时代的要求,有时犯了法、违了纪都浑然不觉。"关键少数"要深入系统学习法律法规和党规党纪,牢记法律底线和纪律红线,真正把法治内化为政治信念和道德修养,外化为行为准则和自觉行动。

坚决贯彻民主集中制,要严格自律。"关键少数"肩负责任重,利益涉及面宽,被人围着转和受人追捧往往成为常态。因此,党的各级领导干部尤其是高级干部一定要始终保持政治定力,站稳政治立场,坚持民主集中制,自觉向党中央看齐,善于运用批评和自我批评这一有力武器,突出问题导向,敢于自我淘洗、剔除尘垢,为事业的推进凝聚力量。"关键少数"特别是"一把手"要以身作则、率先垂范,带头从严要求自己,带头解决自身问题,要求别人做到的自己首先做到,要求别人改正的自己首先改到位;不能也不允许游离于民主集中制之外,要主动担负贯彻民主集中制的政治责任,在贯彻中敢于纠错纠偏,严厉查处各种违纪违规现象。唯有如此,才能形成强大合力,才能发挥"关键少数"的关键作用。

核心既定,中军自安;中军挺立,三军不乱。以习近平同志为核心的党中央紧紧抓住"关键少数",强调领导干部要以上率下、发挥"头雁效应",并且这种"强调"直至最高层——中央委员会、中央政治局、中央政治局常委会的组成人员。这是一种了不起的气魄、胸怀和担当,体现了党中央对党和国家、对人民和民族高度负责的历史主动精神。担当义不容辞,铁肩才能担道义。广大"关键少数"要以"革命者要在困难面前逞英雄"的大无畏气概，内明于心，提升素质，真正做到守土有责、守土负责、守土尽责，不坠青云之志，始终保持共产党员的政治本色，在人民群众心中筑起我们永久的根据地。

第九章

完善党和国家监督制度,形成监督合力

党的二十大报告提出："健全党统一领导、全面覆盖、权威高效的监督体系,完善权力监督制约机制,以党内监督为主导,促进各类监督贯通协调,让权力在阳光下运行。"①党和国家监督体系涵盖了党内监督体系和国家监督体系两个维度。这一体系的建构过程始终遵循以中国特色社会主义政治制度为基础的政治逻辑,始终以加强党的建设和提高国家治理水平为双重价值旨归。由此,坚持党的领导、坚持人民主体地位就成为建构这一体系的逻辑主线,体现了党的领导和人民当家作主、依法治国的有机统一,这是中国与其他国家和地区在监督模式方面的最大不同,是建设世界上最强大的政党的制度保障。

一、发挥党内监督主导作用

强化党内监督是全面从严治党的重要保障。党内监督就是党内监督主体借助一定的权力,通过一定的手段对监督客体进行的监控和督查行为,是我们党按照全面从严治党的要求进行的自我净化、自我完善、自我革新和自我提高,实质是保证党的干部,党的方针、路线和政策符合全心全意

---

① 习近平.高举中国特色社会主义伟大旗帜 为全面建设社会主义现代化强国而团结奋斗——在中国共产党第二十次全国代表大会上的报告[M].北京:人民出版社,2022:66.

为人民服务的宗旨,以确保党始终成为中国特色社会主义事业的坚强领导核心。

(一)党内监督的任务、内容和对象

《中国共产党党内监督条例》第五条[①]指出,党内监督的任务是确保党章党规党纪在全党有效执行,维护党的团结统一,重点解决党的领导弱化、党的建设缺失、全面从严治党不力,党的观念淡漠、组织涣散、纪律松弛,管党治党宽松软问题,保证党的组织充分履行职能、发挥核心作用,保证全体党员发挥先锋模范作用,保证党的领导干部忠诚干净担当。

《中国共产党党内监督条例》第五条指出,党内监督的主要内容:一是遵守党章党规,坚定理想信念,践行党的宗旨,模范遵守宪法法律情况;二是维护党中央集中统一领导,牢固树立政治意识、大局意识、核心意识、看齐意识,贯彻落实党的理论和路线方针政策,确保全党令行禁止情况;三是坚持民主集中制,严肃党内政治生活,贯彻党员个人服从党的组织,少数服从多数,下级组织服从上级组织,全党各个组织和全体党员服从党的全国代表大会和中央委员会原则情况;四是落实全面从严治党责任,严明党的纪律特别是政治纪律和政治规矩,推进党风廉政建设和反腐败工作情况;五是落实中央八项规定精神,加强作风建设,密切联系群众,巩固党的执政基础情况;六是坚持党的干部标准,树立正确选人用人导向,执行干部选拔任用工作规定情况;七是廉洁自律、

[①] 中国共产党党内监督条例(2016年10月27日中国共产党第十八届中央委员会第六次全体会议通过)[M]// 十八大以来廉政新规定.北京:人民出版社,2019:130-131.

秉公用权情况；八是完成党中央和上级党组织部署的任务情况。

《中国共产党党内监督条例》第六条①指出，党内监督的重点对象是党的领导机关和领导干部特别是主要领导干部。党内监督没有禁区、没有例外，党内不允许有不受制约的权力，也不允许有不受监督的特殊党员。

（二）党内监督的重要意义

习近平总书记指出："早在延安时期，毛泽东同志就提出跳出'历史周期率'的课题，党的八大规定任何党员和党的组织都必须受到自上而下的和自下而上的监督，现在我们不断完善党内监督体系，目的都是形成科学管用的防错纠错机制，不断增强党自我净化、自我完善、自我革新、自我提高能力。"②因此，构建党内监督体系是保持和提高党的战斗力的重要举措。

助力指导思想的先进性。从经验上讲，思想理论的创新往往来自真理与谬误的较量、新与旧的交锋和顺应时代潮流与逆时代潮流的搏击，而每一次较量的结果都是反映时代要求的新的思想理论成果的再现、循环往复，以至无穷，使思想理论在不同的时代被赋予新的内涵，持续地创新出反映时代发展新要求的具有强大生命力的理论观点。当然，这种斗争不是凭空发生的，它只有在强大的内在和外在的动力推动下才能发生。从党内来讲，

---

① 中国共产党党内监督条例（2016年10月27日中国共产党第十八届中央委员会第六次全体会议通过）[M]//十八大以来廉政新规定.北京：人民出版社，2019：130-131.

② 习近平.在党的十八届六中全会第二次全体会议上的讲话（2016年10月27日）[M]//习近平关于全面从严治党论述摘编.北京：中央文献出版社，2016：214.

这种内在的动力往往由很多要素构成，而其中一个最重要的要素就是党内监督条例的正确贯彻执行。所以，党内监督有助于保证党能够始终以先进的思想作指导。

助力党始终是由先进分子组成。党章明确指出，中国共产党是中国工人阶级的先锋队，同时是中国人民和中华民族的先锋队。从近年来出现的一些情况来看，全面从严治党主体责任缺失、监督责任缺位，管党治党偏松偏软。尤其是少数违纪党员得不到及时处理，已经成为影响党的先进性、损害党的形象、贻误党的事业的紧迫问题。所以，党必须以自我革命的勇气，旗帜鲜明地加强党内监督，一方面可以约束党员干部保持先进性；另一方面，可以及时地将那些违背党的宗旨路线，甚至违法乱纪的党员干部清除出党，以保证党的队伍始终是由先进分子组成，这是党内监督的重要功能。

助力党始终坚持民主集中制的组织制度。习近平总书记指出："坚持民主集中制是强化党内监督的核心。"① 强化党内监督，深入贯彻落实民主集中制原则，有利于把具有先进思想的党员干部选拔到更重要、更关键的领导岗位，保证将党的各级领导机关和各级领导干部的重大决策行为从制度上置于党的监督之下，有效地避免"一言堂"，从组织上保证党的各种重大决策能够代表全党的意志，确保党内监督落到实处。

---

① 习近平.在第十八届中央纪律检查委员会第六次全体会议上的讲话(2016年1月12日)[M]//习近平关于全面从严治党论述摘编.北京：中央文献出版社，2016：207.

（三）党内监督的鲜明特征

中国共产党的党内监督是相对于党的外部监督而言的，强调的是党通过自我监督解决自身存在的问题，具有工人阶级政党本身所具有的全过程的自觉性、全组织的内部性和全身心的主动性的鲜明特征。

全过程的自觉性。这种自觉监督包括事前、事中和事后全过程监督，其中党内开展的系列教育活动，就是一种事前监督；纪委专职执行的监督是事中和事后监督；巡视制度聚焦的是事中和事后监督。监督重点是党的各级组织机构和党员领导干部，并且各级组织机构和党员领导干部又是实施监督的主体，反映了我们党自我监督制度的互动性、彻底性和全程性。

全组织的内部性。党内监督是在党组织内部依靠党自身的力量实行的自我约束和完善。它的监督主体和客体都是党组织中的一部分或一分子，监督者与被监督者共处于监督的整体之中，而不是外来的异己的力量。监督的手段也不同于国家行政机关和司法部门的监督，它的主要问责手段是诫勉谈话、警告、开除党籍等党纪处理办法，一般不采取司法手段，除非违纪党员、干部同时违法。

全身心的主动性。党内监督是一种主动的预防性措施，是一种积极的自我管控手段。从党的阶级性来说，它是从工人阶级和人民群众的利益出发，依靠党自身的力量主动解决党自身的矛盾和问题，这也是党的生机和活力所在，表明了我们党是一个具有主动纠错能力的伟大的马克思主义政党，这是同一切剥削阶级政党划清界限的一条重要特征。

二、强化纪委履行专职监督责任、推进各类监督贯通协同

中国共产党党内监督的任务、内容和对象所呈现出来的鲜明特点，充分反映了党内监督是不断加强马克思主义执政党建设的必然需要。当然，党内监督只有与党外监督彼此形成合力，中国共产党才能更好地保持纯洁性和先进性。在遵循坚持党的领导、坚持人民主体地位的政治逻辑基础上，党和国家监督体系经过了一系列演化过程，在党的二十大上，习近平总书记明确指出："以党内监督为主导，促进各类监督贯通协调。"①

（一）强化纪委履行专职监督责任

党内监督体系的总体框架包括五个维度，分别是党委（党组）全面监督、纪律检查机关专责监督、党的工作部门职能监督、党的基层组织日常监督、党员民主监督，这些监督都是在党中央统一领导下开展的，这五个维度定位明确、相互作用、缺一不可，共同促成了党内监督体系的有效运行。

纪委专责机关具体任务。《中国共产党党内监督条例》第二十六条②指出，党的各级纪律检查委员会是党内监督的专责机关，履行监督执纪问

---

① 习近平. 高举中国特色社会主义伟大旗帜　为全面建设社会主义现代化强国而团结奋斗——在中国共产党第二十次全国代表大会上的报告[M]. 北京：人民出版社，2022：66.
② 中国共产党党内监督条例（2016年10月27日中国共产党第十八届中央委员会第六次全体会议通过）[M]// 十八大以来廉政新规定. 北京：人民出版社，2019：136.

责职责，加强对所辖范围内党组织和领导干部遵守党章党规党纪、贯彻执行党的路线方针政策情况的监督检查，承担下列具体任务：一是加强对同级党委特别是常委会委员、党的工作部门和直接领导的党组织、党的领导干部履行职责、行使权力情况的监督。二是落实纪律检查工作双重领导体制，执纪审查工作以上级纪委领导为主，线索处置和执纪审查情况在向同级党委报告的同时向上级纪委报告，各级纪委书记、副书记的提名和考察以上级纪委会同组织部门为主。三是强化上级纪委对下级纪委的领导，纪委发现同级党委主要领导干部的问题，可以直接向上级纪委报告；下级纪委至少每半年向上级纪委报告1次工作，每年向上级纪委进行述职。

健全纪委派驻纪检组制度。《中国共产党党内监督条例》第二十八条[①]指出，纪委派驻纪检组对派出机关负责，加强对被监督单位领导班子及其成员、其他领导干部的监督，发现问题应当及时向派出机关和被监督单位党组织报告，认真负责调查处置，对需要问责的提出建议。

健全党内巡视制度。巡视是党内监督的重要方式，是上级党组织对下级党组织监督的重要抓手，为全面从严治党提供了有力支撑。中央和省、自治区、直辖市党委一届任期内，对所管理的地方、部门、企事业单位党组织全面巡视。省、自治区、直辖市党委应当推动党的市（地、州、盟）和县（市、区、旗）委员会建立巡察制度，使全面从严治党向基层延伸。巡视工作要围绕党风廉政建设和反腐败工作这个中心进行，要善于发现问题，发挥震慑力，遏制腐败蔓延势头。巡视监督要对地方、部门、企事业

[①] 中国共产党党内监督条例（2016年10月27日中国共产党第十八届中央委员会第六次全体会议通过）[M]// 十八大以来廉政新规定.北京：人民出版社，2019：137-138.

单位全覆盖。专项巡视要全面开展,加快节奏频率,扩大范围。

加强对纪律检查机关的监督。《中国共产党党内监督条例》第三十四条[①]指出,加强对纪律检查机关的监督。发现纪律检查机关及其工作人员有违反纪律问题的,必须严肃处理。各级纪律检查机关必须加强自身建设,健全内控机制,自觉接受党内监督、社会监督、群众监督,确保权力受到严格约束。

纪律检查机关作为党内监督专责机关,就是"党内的'纪律部队',干的就是监督的活、得罪人的活,必须有对党绝对忠诚的高度自觉和责任担当。要做到政治强、站位高,谋大局、抓具体,坚守职责定位,强化监督、铁面执纪、严肃问责"[②]。要紧紧围绕坚持和完善中国特色社会主义制度和国家治理体系,着力发挥监督保障执行、促进完善发展作用。要聚焦坚持和完善支撑中国特色社会主义制度的根本制度、基本制度、重要制度,突出政治监督,强化日常监督,保障国家治理各项决策部署、政策措施贯彻落实,把我国制度优势更好转化为国家治理效能。

(二)推进各类监督贯通协调

纵观全球来看,廉洁高效通常都是衡量一个国家治理体系和治理能力水平的重要指标,这与党和国家监督体系的建构目标相一致。

---

① 中国共产党党内监督条例(2016年10月27日中国共产党第十八届中央委员会第六次全体会议通过)[M]//十八大以来廉政新规定.北京:人民出版社,2019:137-138.
② 习近平.重整行装再出发,以永远在路上的执着把全面从严治党引向深入(2018年1月11日)[M]//习近平谈治国理政(第三卷).北京:外文出版社,2020:512.

党统一领导、全面覆盖、权威高效的监督体系是一张密织的监督之网，既包括纪律监督、监察监督、派驻监督、巡视监督等；又包括人大监督，以政协监督为代表的民主监督、行政监督、司法监督、群众监督、舆论监督制度，以及发挥审计监督、统计监督职能作用，体现了党内外相互统一、高度互补，同向发力的监督战略布局。

以制度制约权力是基础。《中国共产党党内监督条例》第三十七条[①]指出，各级党委应当支持和保证同级人大、政府、监察机关、司法机关等对国家机关及公职人员依法进行监督，人民政协依章程进行民主监督，审计机关依法进行审计监督。有关国家机关发现党的领导干部违反党规党纪、需要党组织处理的，应当及时向有关党组织报告。审计机关发现党的领导干部涉嫌违纪的问题线索，应当向同级党组织报告，必要时向上级党组织报告，并按照规定将问题线索移送相关纪律检查机关处理。

以监督制约权力是关键。《中国共产党党内监督条例》第三十八条[②]指出，中国共产党同各民主党派长期共存、互相监督、肝胆相照、荣辱与共。各级党组织应当支持民主党派履行监督职能，重视民主党派和无党派人士提出的意见、批评、建议，完善知情、沟通、反馈、落实等机制。利用互联网技术和信息化手段，通过媒体公布，专家咨询，召开座谈会、听证会等多种形式，增加公民的参与途径，集中民智，凝聚民力，体现民意，自觉接受群众、舆论、社会团体等形式的社会监督。

---

① 中国共产党党内监督条例（2016年10月27日中国共产党第十八届中央委员会第六次全体会议通过）[M]// 十八大以来廉政新规定. 北京：人民出版社，2019：140.
② 中国共产党党内监督条例（2016年10月27日中国共产党第十八届中央委员会第六次全体会议通过）[M]// 十八大以来廉政新规定. 北京：人民出版社，2019：140.

第九章 完善党和国家监督制度，形成监督合力

以权力制约权力是核心。党的纪律检查机关和国家监察机关是党和国家自我监督的专责机关，中央纪委和地方各级纪委贯彻党中央关于国家监察工作的决策部署，审议决定监委依法履职中的重要事项，把执纪和执法贯通起来，实现党内监督和国家监察的有机统一。国家监察体制改革作为重大政治体制改革，实现了对所有掌握公权力的公职人员的监察全覆盖，有效提升了监察监督的法治化和专业化水平，这个过程本身就体现了对国家治理体系和治理能力现代化的推进。习近平总书记指出："深化国家监察体制改革的初心，就是要把增强对公权力和公职人员的监督全覆盖、有效性作为着力点，推进公权力运行法治化，消除权力监督的真空地带，压缩权力行使的任性空间，建立完善的监督管理机制、有效的权力制约机制、严肃的责任追究机制。"[①] 监察委员会的重要职责就是对公职人员开展廉洁教育，对其依法履职、秉公用权、廉洁从政以及道德操守情况进行监督检查，教育监督各级国家机关和公权人员牢记手中的权力是党和人民赋予的，是上下左右有界受控的，要做到秉公用权、依法用权、廉洁用权、为民用权。督促掌握公权力的部门、组织、个人强化法治思维，严格在宪法法律范围内活动，严格依照法定权限和程序行使权力，绝不允许任何组织或者个人有超越法律的特权。

以人民制约权力是保证。党内监督为主导，各类监督有机贯通、相互协调，这是党和国家监督体系的显性结构特征。党内监督在党和国家监督体系中的主导地位是由党的执政地位所决定的，党内监督如果失灵，那么其他监督也会变得无效，因此党内监督是其他各类监督发挥作用的前提基础。而且

[①] 习近平. 在新的起点上深化国家监察体制改革（2018年12月13日）[M]// 论坚持全面依法治国. 北京：中央文献出版社，2020：240-241.

在党和国家监督体系中，党的纪律监督与国家监察监督的一体化是具有中国特色的制度设计，主要体现在党的纪律检查机关和国家监察机关的合署办公以及两者职能的有机协同，这是中国共产党基于长期党和国家监督实践形成的制度创新，也是强化党对反腐败工作集中统一领导的有效形式。

面向未来，应进一步推动党内监督和人大监督、民主监督、司法监督等各类监督有机贯通、相互协调。还有，在体制上应强化与固化以群众监督、舆论监督为代表的社会监督，在机制上应丰富与创新以群众监督、舆论监督为代表的社会监督，积极鼓励地方、部门和单位探索强化监督的有效办法，不断增强监督实效。另外，监督的核心职能是保障权力的规范运行，发现权力运行中存在的各种问题。发现问题并不是监督的最终目的，运用监督成果解决问题才是根本。对此党的二十大报告指出："发挥政治巡视利剑作用，加强巡视整改和成果运用。"①

三、破解"一把手"监督难题

对"一把手"监督难是长期困扰我们的一个问题。各级领导班子"一把手"是"关键少数"中的"关键少数"。大量事实表明，"一把手"主政一方、掌管一域，往往被不法分子视为拉拢、腐蚀、围猎的重点对象，很容易出问题。领导干部责任越重大、岗位越重要，就越要加强监督。2021年3月27日，中共中央颁布《中共中央关于加强对"一把手"和领导班子监督的意见》，提出了从"加强对'一把手'的监督、加强同级领

---

① 习近平. 高举中国特色社会主义伟大旗帜　为全面建设社会主义现代化强国而团结奋斗——在中国共产党第二十次全国代表大会上的报告 [M]. 北京：人民出版社，2022：66.

导班子监督、加强对下级领导班子的监督和切实加强党对监督工作的领导"①各类监督贯通协调的解题思路。

（一）把对"一把手"的监督作为重中之重，强化监督检查

"一把手"被赋予重要权力，担负着管党治党重要政治责任，必须以强有力的监督促使其做到位高不擅权、权重不谋私。用制度锁住权力，用体制机制破解"一把手"监督难题，是党中央的要求，是现实需要。把好监督"一把手"体制机制在于忠实于党章、准则和条例等党内法规，同时要求进一步创新体制机制，切实提高监督"一把手"的针对性和实效性。各级党组织要多设置一些监督"探头"，使"一把手"置身于党组织、党员、群众的监督之下。

党委（党组）、纪检机关、党的工作机关要突出对"一把手"的监督，将"一把手"作为开展日常监督、专项督查等的重点，让"一把手"时刻感受到用权受监督。

加强党组织自上而下的监督，上级"一把手"必须抓好下级"一把手"。上级"一把手"要将监督下级"一把手"情况作为每年述职的重点内容；对下级新任职"一把手"应当开展任职谈话；同下级"一把手"定期开展监督谈话，对存在苗头性、倾向性问题的进行批评教育，对存在轻微违纪问题的及时予以诫勉。

严格执行全面从严治党责任制度，落实"一把手"第一责任人职责。

---

① 中共中关于加强对"一把手"和领导班子监督的意见[N]. 石家庄日报，2021-06-02. 本节以下内容均参考本《意见》。

健全落实全面从严治党主体责任考核制度，考核结果作为对"一把手"选拔任用、实绩评价、激励约束的重要依据。对履行第一责任人职责不担当、不作为的，依规依纪追究责任。

贯彻执行民主集中制，完善"三重一大"决策监督机制。把"三重一大"决策制度执行情况作为巡视巡察、审计监督、专项督查的重要内容。纪委书记、派驻纪检监察组组长发现"一把手"违反决策程序的问题，应当及时提出意见，对纠正不力的要向上级纪委、派出机关反映。

巡视巡察工作要紧盯"一把手"，及时发现问题。巡视巡察组应当把被巡视巡察党组织"一把手"作为监督重点，进驻前向纪检机关、组织部门深入了解情况。巡视巡察谈话应当将"一把手"工作、生活情况作为必谈内容，对反映的重要问题深入了解。巡视巡察报告应当将"一把手"履行第一责任人职责和廉洁自律情况单独列出，提出明确意见和整改要求。及时掌握对"一把手"的反映，建立健全述责述廉制度。

"一把手"要以身作则，自觉接受监督。"一把手"必须旗帜鲜明讲政治，带头做到"两个维护"，带头落实党内监督各项制度，在履行管党治党责任、严格自律上当标杆、做表率，既要自觉接受监督，又要敢于担当作为。各级领导干部特别是高级干部要带头遵守政治纪律和政治规矩，主动向党组织请示报告工作，严格落实中央八项规定及其实施细则精神，廉洁治家，自觉反对特权思想、特权现象，始终保持共产党人清正廉洁的政治本色。

（二）加强同级领导班子监督

抓住"关键少数"要把牢主体责任，这是破解"一把手"监督难题的基础。按照抓早抓小抓苗头，必须严肃抓好主体责任对"一把手"进行全方位监督，将责任层层传递、压力层层传导，让监督执纪利剑高悬，织牢一级抓一级、上下互动、左右联动的监督网。

加强领导班子成员相互监督，认真开展批评和自我批评。领导班子成员之间应当经常交换意见，发现问题坦诚向对方提出，发现"一把手"存在重要问题的可直接向上级党组织报告。坚持民主生活会和组织生活会制度，"一把手"要带头开展批评和自我批评，领导班子成员按规定对个人有关事项以及群众反映、巡视巡察反馈、组织约谈函询的问题实事求是作出说明。

发挥领导班子近距离常态化监督优势，提高发现和解决自身问题的能力。发现领导班子其他成员有违纪违法问题的，应当及时如实按程序向党组织反映和报告，对隐瞒不报、当"老好人"的要连带追究责任。

坚持集体领导制度，严格按规则和程序办事。坚决防止以专题会议代替常委会会议作出决策，坚决防止以党委集体决策名义集体违规，绝不允许领导班子成员将分管工作、分管领域变成不受集体领导和监督的"私人领地"。完善领导班子议事规则，重要事项须提交领导班子会议讨论，领导班子成员应当充分发表意见，意见分歧较大时应当暂缓表决，对会议表决情况和不同意见应当如实记录、存档备查。

督促领导班子其他成员履行"一岗双责"，抓好职责范围内管党治党工作。严格执行领导干部插手干预重大事项记录制度，发现问题及时报告。建立健全政治生态分析研判机制，分领域形成党风廉政建设情况报告。完善纪委书记谈话提醒制度，如实报告领导班子成员履职尽责和廉洁自律情况。

（三）加强对下级领导班子的监督

织牢一级抓一级、上下互动、左右联动的监督网，对"一把手"身边人和家属进行全领域监督，对党内法规、对上级监督敬畏起来，对下级监督严肃起来。

落实上级党组织对下级党组织的监督责任，把管理和监督寓于实施领导的全过程。把制度的笼子扎得更紧更牢，推进监督工作规范化。党委（党组）要坚持用制度管权管事管人，健全任职回避、定期轮岗、干部交流制度，对"一把手"制定更严格的管理制度。坚持和完善领导干部报告个人有关事项制度，推进"一把手"个人有关事项在领导班子中公开工作。健全干部双重管理制度，明确主管方、协管方对双重管理干部的监督职责。

规范领导干部家属从业行为，推动构建亲清政商关系。领导干部与企业家交往必须守住底线、把好分寸，"一把手"要带头落实"亲""清"要求，不得以权谋私，搞暗箱操作和利益输送；管住管好自己的家属亲友，绝不允许他们利用本人职权敛财谋利，防止居心不良者对家庭成员进行"围猎"。党委（党组）、纪检机关要加强对构建亲清政商关系情况的监督检查，及时处置投诉举报，发现问题依规依纪严肃处理。

加强上级党组织对下级单位领导班子民主生活会的指导，提高民主生活会质量。组织部门应当会同纪检机关对下级单位领导班子民主生活会进

第九章 完善党和国家监督制度，形成监督合力

行督促检查和指导，重点检查"一把手"开展批评和自我批评是否态度鲜明，民主生活会是否真正"红脸""出汗"。

强化选人用人的组织把关，落实干部考察考核制度。党委（党组）要加强对干部选拔任用工作全过程监督，强化对下级领导班子成员特别是"一把手"拟任人选的把关，压实分析研判和动议、民主推荐、考察、讨论决定等各环节的领导责任。组织部门应当按照好干部标准，严格"凡提四必"程序，全面考察干部。纪检机关应当动态更新领导干部廉政档案，严把党风廉政意见回复关。党委（党组）要对下级领导班子及其成员实行分级分类考核，同巡视巡察、经济责任审计、工作督查、相关业务部门考核发现的问题相结合，进行全面客观评价。每年可以选定部分"一把手"和领导班子进行重点考核，对反映较多的问题进行专项考核。

定期分析研判信访举报情况，对群众反映多的领导干部及时敲响警钟。推动问题整改常态化，完善纪检监察建议制度。对整改问题不及时、不到位甚至拒不整改的，依规依纪严肃处理，对典型问题通报曝光。

十目所视，十手所指。实行党内监督，是中国共产党之所以成为民主政党的标志之一。党的执政地位决定了党内监督在党和国家各种监督形式中是最基本的、第一位的。对我们来说，要不断发挥党内监督和国家监督的协同威力和潜力，当好政治生态"防护员"，准确把握政治生态的"树木"与"森林"状况，把党员领导干部这片"森林"维护好。1945年，毛泽东同志在著名的"窑洞对"中，指出了监督对于共产党人打破历史周期率的重要意义。今天，在具有许多新的历史特点的伟大斗争中，全党同志更要强化自我约束、自我监督、自我革命，练就中国共产党人自我净化的"绝世武功"。

第十章

打好自我革命组合拳

勇于自我革命，持续做到自我净化、自我完善、自我革新、自我提高，是我们党区别于其他政党的显著标志和精神品格。在领导中国革命、建设、改革的不平凡奋斗历程中，我们党之所以能够在各种政治力量反复较量中脱颖而出，始终走在时代前列，不断从胜利走向新的胜利，成为中国人民和中华民族的主心骨，根本原因在于我们党始终保持了自我革命精神，展现了马克思主义政党敢于斗争、善于斗争的深厚底气。党的十八大以来，以习近平同志为核心的党中央以前所未有的勇气和定力打了一套自我革命"组合拳"，是中国共产党"跳出治乱兴衰历史周期率的第二个答案"①，成为建设世界上最强大的政党的独特经验。

一、自我革命：中国共产党
跳出治乱兴衰历史周期率的第二个答案

1945 年，抗日战争胜利前夕，毛泽东同志给出了跳出治乱兴衰"历史周期率"的第一个答案："我们已经找到新路，我们能跳出这周期率。这条

---

① 习近平. 高举中国特色社会主义伟大旗帜　为全面建设社会主义现代化强国而团结奋斗——在中国共产党第二十次全国代表大会上的报告 [M]. 北京：人民出版社，2022：14.

新路，就是民主。只有让人民来监督政府，政府才不敢松懈。"① 2022年，习近平总书记在党的二十大上又给出了第二个答案——自我革命。自我革命，写就"窑洞之问"的现实答卷。今天，科学认识党的十八大以来全面从严治党取得的历史性开创性成就、产生的全方位深层次影响，必须立足党的自我革命的成功实践，诠释好自我革命何以成为跳出历史周期率的第二个答案。

（一）自我革命是中国共产党永葆青春活力的强大支撑

勇于自我革命是党历经百年奋斗锤炼出的最鲜明品格，是区别于世界其他政党的独特标志，也是无产阶级政党实现自身历史使命的必然要求。中国共产党成立之后，就在马克思列宁主义的指导下建设与发展。马克思恩格斯指出，无产阶级革命与其他任何革命不同的地方，就在于它"经常自己批判自己"，体现在无产阶级政党身上，就表现为在激浊扬清、革故鼎新中自我净化、自我完善、自我革新、自我提高，进而永葆生机活力。党的一百多年风雨之路，一再证明：先进的马克思主义政党不是天生的，而是在不断自我革命中淬炼而成的。《中共中央关于党的百年奋斗重大成就和历史经验的决议》鲜明指出："党的伟大不在于不犯错误，而在于从不讳疾忌医，积极开展批评和自我批评，敢于直面问题，勇于自我革命。"② 我们党从南湖一叶红船发展为引领时代潮流的巍巍巨轮，其中一个重要的原因就在于我们党敢于直面自身问题，勇于以彻底的大无畏的自我革命引领伟大的社会革命向前

---

① 黄炎培. 八十年来[M]. 北京：文史资料出版社，1982：148-149.
② 中共中央关于党的百年奋斗重大成就和历史经验的决议[N]. 人民日报，2021-11-17(01).

发展。特别是党的十八大以来，以习近平同志为核心的党中央，在复杂多变的环境中保持战略定力，在危机中育先机，在变局中开新局，以自我革命精神不断推进党的建设伟大工程，以正视问题的革命自觉和刀刃向内的政治勇气深层发力纠风治弊、铁腕高压惩腐肃纪，形成了管党治党的系统合力和整体态势，重构了兴党强党的时代新风，清除了侵蚀党健康肌体的病毒，不断增强党的政治领导力、思想引领力、群众组织力、社会号召力，确保党始终保持同人民群众的血肉联系，赢得广大人民群众的认同与接受。历史和实践证明，勇于自我革命是党历经千锤百炼而朝气蓬勃的动力源泉，是党百年来始终得到人民拥护和支持的制胜法宝。

（二）自我革命是马克思主义政党的本色基因

勇于自我革命，是由我们党全心全意为人民服务的宗旨和以人民为中心的价值立场所决定的。始终坚持人民至上的价值立场是马克思主义政党性质宗旨的本质要求，人民立场就是我们党的根本政治立场。正因为我们党以人民为中心，才能本着彻底的唯物主义精神经常检视自身、反思己过，才能摆脱一切利益集团、权势团体、特权阶层的围猎腐蚀，并向党内被这些集团、团体、阶层所裹胁的人开刀。在一百多年奋斗历程中，中国共产党坚持从人民根本利益出发，把实现人民对美好生活的向往作为不懈奋斗的出发点和落脚点，以最彻底的自我革命精神克服自身存在的问题，以最无私的胸襟气魄履行人民赋予的历史使命。革命战争年代，毛泽东同志指出："只要我们为人民的利益坚持好的，为人民的利益改正错的，我们这个队伍就一定会兴旺起来。"① 1949年10月1日，中华人民共和国成立，亿万人民真正成为新国家、新社会的主人。改革开放进程中，邓小平同志告诫："如果哪个党组织严重脱离群众而不能坚决改正，那就丧失了力量的源泉，就一定要失败，就会被人民抛弃。"②党坚持以经济建设为中心，解放和发展生产力，实现了人民生活从温饱不足到总体小康、奔向全面小康的历史性跨越。进入新时代，习近平总书记不止一次强调，中国共产党根基在人民、血脉在人民。"必须坚持人民至上、紧紧依靠人民、不断造福人民、牢牢植根人民，并落实到各项决策部署和实际工作之中。"③一个政党，一个政权，其前途命运取决于人心向背。人民群众反对什么、痛恨什么，我们就要坚决防范和打击什么。一体推进"打虎""拍蝇""猎狐"，持续纠正形式主义、官僚主义，集中整治干部不作为、不愿为、不敢为问题，不断革除与人民利益相悖的顽瘴痼疾，使人民群众的幸福感、安全感和获得感得到显著提升。党在一百多年奋进中始终把实现好、维护好和发展好最广大人民根本利益作为贯穿自我革命的逻辑主线，把发展为了人民、发展依靠人民、发展成果由人民共享作为自我革命的着眼点和落脚点，从而得到人民群众的信任和支持，始终拥有不竭的力量源泉和最为深厚的群众基础。

---

① 毛泽东选集（第三卷）[M] 北京：人民出版社，1991：1004-1005.
② 邓小平文选（第二卷）[M] 北京：人民出版社，1994：368.
③ 谢环驰. 坚持人民至上 不断造福人民 把以人民为中心的发展思想落实到各项决策部署和实际工作之中 [N]. 人民日报，2020-05-23(01).

（三）自我革命是我们党坚定历史自信，把握历史主动的必然要求

坚持自我革命是党在新时代新征程继续把握历史主动的重要法宝。一百多年来，正是通过自我革命，我们党才能更好地驾驭社会变革并领导新的社会变革，才能更好地率领中华民族进行社会革命，实现伟大复兴。党的自我革命达到的历史高度决定伟大社会革命的实践深度。党的自我革命与伟大社会革命相辅相成、相互促进，构成我们党一百多年奋斗历程的基本线索。伟大社会革命酝酿发生的关键时期，往往是党的自我革命的攻坚时期；党的自我革命取得重大进展，往往能推动伟大社会革命发生历史性飞跃。党的自我革命不是孤立发生、单独进行的，而是服从服务于党领导的伟大社会革命。伟大社会革命的性质和内涵，决定了党的自我革命的性质和内涵。同时，伟大社会革命也不是自然发生、盲目进行的，而是我们党顺应历史潮流和人民意愿引导革命、推动变革的产物。党的自我革命达到的历史高度和先进程度，决定伟大社会革命所能取得的历史进展和实践深度。新时代新起点，国际形势复杂严峻，国内改革发展稳定任务艰巨繁重，统筹中华民族伟大复兴战略全局和世界百年未有之大变局，只有永葆自我革命精神，继续推进新时代党的建设新的伟大工程，我们党才能不断清除一切损害自身先进性和纯洁性的因素，永葆生机活力和创造能力。

能胜强敌者，先自胜者也。一个执政党进行社会革命不容易，进行自我革命更不容易，而不进行自我革命就必然被历史淘汰。党的三个"历史决议"是我们党在不断的革命斗争中进行的经验总结，是我们党勇于革命、善于革命的重要体现，对统一全党的思想认识，加强全党的团结具有重要

作用。每一个"历史决议"背后都是中国共产党在长期的自我革命中积累的宝贵财富。过往皆为序章,未来值得期许。

二、以思想建设为基础,以组织建设为保障

党的十九届六中全会通过的《中共中央关于党的百年奋斗重大成就和历史经验的决议》用"十个明确",对习近平新时代中国特色社会主义核心内容作了高度概括,其中"明确全面从严治党的战略方针"提出,新时代党的建设总要求,要"全面推进党的政治建设、思想建设、组织建设、作风建设、纪律建设,把制度建设贯穿其中,深入推进反腐败斗争,落实管党治党政治责任,以伟大自我革命引领伟大社会革命"①。习近平总书记指出,"组织是'形',思想是'魂'。加强党的自我革命,既要'造形',更要'铸魂'"②。

(一)以思想建设为基础:坚持以自我革命精神推进党的理论创新

伟大的社会革命以伟大的思想革命为先导,伟大的思想革命引领伟大的社会革命发展。自我革命首先从思想革命开始。只有在思想上勇于自

---

① 中共中央关于党的百年奋斗就和历史经验的决议 [M]//《中共中央关于党的百年重大成就和历史经验的决议》辅导读本. 北京:人民出版社,2021:38.
② 习近平. 贯彻落实新时代党的组织路线 不断把党建设得更加坚强有力(习近平总书记在2020年6月29日在十九届中央政治局第二十一次集体学习时的讲话)[EB/OL]. 人民网,2020-07-31.

革命，克服和消除党内存在的各种错误思想，才能做到正本清源、立根固本。

思想是行动的先导，没有革命的理论就没有革命的运动。马克思主义政党的先进性，首先体现在思想理论的先进上。列宁曾深刻指出，没有理论，党"就会失去生存的权利，而且不可避免地迟早注定要在政治上遭到破产"[1]。马克思主义创造性地揭示了人类社会发展规律，为人类指明了从必然王国向自由王国飞跃的途径，为人类指明了实现自由和解放的道路，是人类思想史上最壮丽的日出。我们党从成立之日起就把马克思主义写在自己的旗帜上，坚持把马克思主义基本原理和中国具体实际、中华优秀传统文化相结合，以自我革命精神不断丰富和发展马克思主义，准确认识和运用中国革命、建设、改革的规律，领导和推动党和人民事业不断从胜利走向新的胜利。

马克思、恩格斯有句名言："一切划时代的体系的真正的内容都是由于产生这些体系的那个时期的需要而形成起来的。"[2]中国共产党一路走来，经历了无数的坎坷与磨难，但总能消除一个个磨难、跨过一道道沟坎，最终取得一次次胜利，靠的就是坚持以自我革命精神推进党的理论创新。回顾党的一百多年历史，这是我们党的优良传统、宝贵经验和独特优势。早在1929年，面对大革命失败的阴霾，面对"红旗到底打得多久"的疑问，古田会议第一次以党的决议的形式确立了"思想建党"的基本原则，以自我革命精神初步回答了如何从加强党的思想建设着手、保持党的无产阶级先锋队性质的问题。1945年，党的七大把毛泽东思想这一中国化的马克思主义正式写在党的旗帜上。在毛泽东思想的指引下，我们党创造性地探索和运

---

[1] 列宁全集（第六卷）[M]. 人民出版社，1986：367.
[2] 马克思恩格斯全集（第三卷）[M]. 人民出版社，1960：544.

用中国革命规律,团结带领人民取得新民主主义革命胜利,建立中华人民共和国,中华民族从此站起来了!改革开放以来,我们党以巨大勇气进行前无古人的伟大探索,形成并发展了中国特色社会主义理论体系,团结带领人民进行中国特色社会主义新的伟大实践,实现了中华民族从站起来到富起来的伟大飞跃!

党的十八大以来,习近平总书记对关系到新时代党和国家事业发展的一系列重大理论和实践问题进行了深邃思考和科学判断,就新时代坚持和发展什么样的中国特色社会主义、怎样坚持和发展中国特色社会主义,建设什么样的社会主义现代化强国、怎样建设社会主义现代化强国,建设什么样的长期执政的马克思主义政党、怎样建设长期执政的马克思主义政党等重大时代课题,提出一系列原创性的治国理政新理念新思想新战略。

习近平总书记以非凡的理论勇气、高超的政治智慧、坚韧不拔的历史担当,以全新视野深化对共产党执政规律、社会主义建设规律、人类社会发展规律的认识,坚持以自我革命精神提出一系列新理念新思想新战略,创立了习近平新时代中国特色社会主义思想。在这一思想指引下,党团结带领人民进行伟大斗争、建设伟大工程、推进伟大事业、实现伟大梦想,推动党和国家事业取得全方位、开创性历史成就,发生深层次、根本性历史变革,中国特色社会主义进入新时代,中华民族迎来了从富起来到强起来的伟大飞跃!

坚持以自我革命精神推进党的理论创新,注重用马克思主义中国化的最新理论成果武装全党并用以指导实践,这是中国共产党百年发展取得辉煌成就的重要密码之一。

（二）以组织建设为保障：坚持以自我革命精神强化党的组织建设

以自我革命精神不断强化党的组织建设和净化党员队伍，这是我们党始终保持生机活力的重要原因之一。

注重党的组织体系建设，是马克思主义政党区别于其他政党的显著特点。马克思、恩格斯在创建无产阶级政党之初就高度重视并亲自参与党的组织建设，在《共产主义者同盟章程》中明确其组织机构包括支部、区部、总区部、中央委员会和代表大会，构建了一套比较严密的组织体系。列宁立足于俄国无产阶级革命实际，明确提出建设一个集中统一、组织严密、纪律严明的党，通过组织的统一来保证党的坚强团结和步调一致，进而指出，党一旦组织起来，就会产生统一的意志，这种意志能够转变为巨大的物质能量，实现党所领导的伟大事业。

加强党的组织建设，是不断推进党的自我革命的必然要求。我们党是按照马克思主义建党原则建立起来的，历来重视以自我革命精神加强组织建设，形成了包括党的中央组织、地方组织、基层组织在内的严密组织体系，这是世界上任何其他政党都无法比拟的强大优势。建党伊始第一个纲领，就明确党的组织采用苏维埃形式，并规定了地方委员会及其执行委员会、中央执行委员会的成立条件。党的二大首次提出党的"组织系统"概念，并明确了党小组、地方支部、区执行委员会、中央执行委员会的组织架构和组织原则。1925年召开的党的四大，通过了《对于组织问题之议决案》，把党的支部建设置于突出位置。1927年中央政治局会议通过的《中国共产党第三次修正章程决案》第一次把民主集中制作为组织原则写入党章。党的六大提出"组织路线"的概念,明确了党的建设的主要任务和目标方向,促进了党的组织快速发展起来。党的七大通过的党章对党的各级组织构成、任务作了明确规定。党的八大首次提出了"党的基层组织"的概念,并明确了基本设置要求。党的十二大通过的党章进一步对党的地方组织、党的基层组织作了详细规定,并将"党组"单列一章。此后,党的组织体系框架基本稳定下来,并随着改革开放新时期党的建设面临的形势任务不断完善和发展。

党的十八大以来,党的组织体系在机构设置、制度机制、纪律规定等建设上日益完备,党的集中统一领导得到加强,各级组织管党治党的主体责任更加明确,部分党组织软弱涣散状况得到扭转,党员的组织观念得以强化,但仍存在一些薄弱环节。比如,有的领域党组织覆盖不到位、设置不合理,部分党员党性观念和宗旨意识淡化、先锋模范作用不明显,有的地方党委执行党的路线方针政策不坚决、有偏差,有的党组履行管党治党政治责任不力,一些基层党组织按期换届制度执行不严、组织生活不规范,等等,这些问题必须通过不断加强党的组织体系建设切实加以解决。

"欲筑室者,先治其基。"组织建设是党的建设的重要保障。党的组织路线是为党的政治路线服务的。要坚定不移推进党的伟大自我革命,把党的组织体系织密建强,把党的执政大厦根基筑牢夯实。

百年党史昭示我们,自我革命意味着行为主体在主动和自觉意义上的自我扬弃,蕴含着马克思主义"否定之否定"的发展规律。它是事物发展的必然阶段,也是推动理论创新、组织进步的重要力量。推进自我革命要始终坚守党的性质宗旨、理想信念、初心使命不动摇,始终坚持党的基本理论、基本路线、基本方略不动摇,始终在加强党的组织建设中不断提升政治领导力、思想引领力、群众组织力、社会号召力,不为任何风险所惧、不为任何干扰所惑,敢于战胜前进道路上的一切困难和挑战,不断推动中国特色社会主义事业航船劈波斩浪、勇往直前。这既是党对历史经验的深刻总结,也是结合新时代新征程实际对坚定不移推进自我革命的深刻认识。

三、打好组合拳,开辟自我革命新境界

百年奋斗激风雷,如椽巨笔著华章。《中共中央关于党的百年奋斗重大成就和历史经验的决议》指出:"过去一百年,党向人民、向历史交出了一份优异的答卷。现在,党团结带领中国人民又踏上了实现第二个百年奋斗目标新的赶考之路。"①新时代再出发,中国共产党人以高度的历史使命感、强烈的历史主动精神、坚定的历史自信,吹响了开启新的历史征程的号角。

十指紧扣,才能形成"拳头"。习近平总书记在十九届中央纪委第六次全体会议上强调:"必须坚持以党的政治建设为统领,坚守自我革命根本政治方向;必须坚持把思想建设作为党的基础性建设,淬炼自我革命锐利思想武器;必须坚决落实中央八项规定精神、以严明纪律整饬作风,丰富自我革命有效途径;必须坚持以雷霆之势反腐惩恶,打好自我革命攻坚战、持久战;必须坚持增强党组织政治功能和组织力凝聚力,锻造敢于善于斗争、勇于自我革命的干部队伍;必须坚持构建自我净化、自我完善、自我革新、自我提高的制度规范体系,为推进伟大自我革命提

---

① 中共中央关于党的百年奋斗重大成就和历史经验的决议[N].人民日报,2021-11-17(01).

供制度保障。"①打好自我革命"六个要求"组合拳，开辟自我革命新境界，将全面从严治党向纵深推进。

（一）自我革命必须在政治建设统领中坚守政治方向

旗帜鲜明讲政治是马克思主义政党的根本要求。习近平总书记强调："党要管党，首先要从党内政治生活管起；从严治党，首先要从党内政治生活严起。"②政治上的先进性，是马克思主义政党区别于其他政党的一个显著特征。注重从政治上建设党，是我们党的优良传统和宝贵经验，贯穿于党的建设伟大实践之中。一百多年来，我们党遭遇各种风浪挑战、历经各种艰难险阻，而始终保持团结和集中统一，保持强大凝聚力、战斗力，这与我们党一以贯之从政治上加强自身建设密切相关。

党的政治建设决定党的建设的方向和效果。党的政治建设抓好了，对党的其他建设可以起到纲举目张的作用。党的十八大以来，我们党深刻认识到，党内存在的很多问题，原因都是党的政治建设没有抓紧、抓好、抓实。以习近平同志为核心的党中央以高度的历史自觉、巨大的政治勇气把党的政治建设摆在突出位置，以空前的力度、广度、深度推进党的政治建设。党的十九大报告把党的政治建设纳入党的建设总体布局，明确提出"以党的政治建设为统领""把党的政治建设摆在首位"。从旗帜鲜明加

---

① 坚持严的主基调不动摇　坚持不懈把全面从严治党向纵深推进 [N]. 人民日报，2022-01-19(01).

② 关于《关于新形势下党内政治生活若干准则》和《中国共产党党内监督条例》的说明（2016年10月24日）[M]// 十八大以来重要文献选编（下）. 北京：中央文献出版社，2018：411.

强党中央权威和集中统一领导、抓好党的政治建设首要任务,到通过《关于新形势下党内政治生活的若干准则》、营造风清气正的良好政治生态;从弘扬共产党人价值观、发展积极健康的党内政治文化,到提出提高政治判断力、政治领悟力、政治执行力,不断提高领导干部政治能力,再到党的二十大,都把党的政治建设提到首位和统领位置,等等。

党中央以一系列有力举措加强党的政治建设,党的政治建设取得重大成就,党的建设全面进步、水平不断提升,新时代管党治党的实践充分说明了我们党能够开辟自我革命新境界,关键在于抓住了党的政治建设这个根本性建设。

(二)自我革命必须要在坚定信仰信念中保持战略定力

对于中国共产党来说,要保持自我革命的战略定力,就一定要重视用理想信念强魂健魄。对马克思主义的信仰,对社会主义和共产主义的信念,是共产党人的政治灵魂,是共产党人经受住任何考验的精神支柱。中国共产党人越是信仰信念坚定,就越是敢于"抛掉自己身上的一切陈旧肮脏的东西"。

回顾党的一百多年奋斗历程,中国共产党为什么能从小到大、从弱到强,其中一个重要原因是重视党的思想建设,加强理想信念培塑。习近平总书记把党员、干部的世界观、人生观、价值观看成"总开关"。而拧紧思想的"总开关",根本在于坚定理想信念。当今中国,社会思潮日益多元多样,市场经济中的商品交换原则对社会政治生活的渗透很广,"共产主义渺茫论"和"马克思主义过时论"等在一些共产党员中仍有市场。

这些都会对党员保持自我革命的定力造成一定的冲击。我们必须加强对全党的信仰信念教育，着力用习近平新时代中国特色社会主义思想教育全体党员干部，深刻领悟"两个确立"的决定性意义，增强"四个意识"、坚定"四个自信"、做到"两个维护"，在思想上政治上行动上同以习近平同志为核心的党中央保持高度一致。精神上不缺"钙"了，自我革命的骨头、骨气就会硬起来。

（三）自我革命必须在严明纪律中整饬作风

自我革命是刮骨疗毒、壮士断腕、再塑肌体，是拿起手术刀给自己动手术。其中必然要触及深层次矛盾问题，必然要革除积存多年的顽瘴痼疾。

2012年12月4日，十八届中央政治局会议审议通过《十八届中央政治局关于改进工作作风、密切联系群众的八项规定》，一场涤荡党内痼疾、扫除作风积弊的战役就此打响。作风建设，成为全面从严治党的一张金色名片。

2021年12月28日，中央纪委国家监委公布了2021年11月全国查处违反中央八项规定精神问题汇总情况。当月，全国各级纪检监察机关共查处违反中央八项规定精神问题11024起，批评教育帮助和处理16483人，其中党纪政务处分11159人。这是中央纪委国家监委连续第99个月公布月报数据。这种自我革命的力度是史无前例的。环顾当今世界上的政党，唯有中国共产党有这份洞察自身问题的清醒和刀刃向内的勇气。这种勇气从哪里来？习近平总书记一语中的："我们党之所以有自我革命的勇气，是因为我们党除了国家、民族、人民的利益，没有任何自己的特殊利益。不谋私利才能谋根本、谋大利,才能从党的性质和根本宗旨出发,从人民根本利益出发,检视自己;才能不掩饰缺点、不回避问题、不文过饰非,有缺点克服缺点,有问题解决问题,有错误承认并纠正错误。"①因而,对人民利益有益的,就毫不动摇地坚持;对人民利益不利的,就毫不犹豫地改正。正是这份大公无私,展现了共产党人特有的意志品格和精神风骨,成就了我们党的非凡勇气、严正作风。

(四)自我革命必须坚持以雷霆之势反腐惩恶

"腐败是危害党的生命力和战斗力的最大毒瘤,反腐败是最彻底的自我革命。"②只要存在腐败问题产生的土壤,反腐败斗争就一刻不能停,必须永远吹冲锋号。

党的十八大以来,党中央把全面从严治党纳入"四个全面"战略布局。坚持不敢腐、不能腐、不想腐一体推进,惩治震慑、制度约束、提高觉悟一体发力,从"腐败和反腐败呈胶着状态""反腐败斗争压倒性态势已经形成"到"反腐败斗争取得压倒性胜利",再到"反腐败斗争取得压倒性胜利并全面巩固",消除了党、国家、军队内部存在的严重隐患,拓展了中国共产党跳出治乱兴衰历史周期率的成功道路。以零容忍态度惩治腐败,推进"不敢腐"。"不得罪成百上千的腐败分子,就要得罪

---

① 以解决突出问题为突破口和主抓手 推动党的十八届六中全会精神落到实处[N].人民日报,2017-02-14(01).

② 习近平.高举中国特色社会主义伟大旗帜 为全面建设社会主义现代化强国而团结奋斗——在中国共产党第二十次全国代表大会上的报告[M].北京:人民出版社,2022:13、69.

十四亿人民！"①我们党坚持无禁区、全覆盖、零容忍，坚持重遏制、强高压、长震慑，坚持受贿行贿一起查，坚持有案必查、有腐必惩，以猛药去疴、重典治乱的决心，以刮骨疗毒、壮士断腕的勇气，坚定不移"打虎""拍蝇""猎狐"。

制度问题更带有根本性、全局性、稳定性、长期性。我们党坚持运用法治思维和法治方式反对腐败，领导制定《中华人民共和国监察法》，实现对所有行使公权力的公职人员监察全覆盖，领导完善反腐倡廉国家法律和党内法规制度，努力形成党内法规和国家法律相辅相成、相互促进、相互保障的格局，让法律制度刚性运行。党领导完善党和国家监督体系，推动设立国家监察委员会和地方各级监察委员会，构建巡视巡察上下联动格局，构建以党内监督为主导、各类监督贯通协调的机制，让权力在阳光下运行。"推进政治监督具体化、精准化、常态化，增强对'一把手'和领导班子监督实效。"②加强新时代廉洁文化建设，使严厉惩治、规范权力、教育引导紧密结合，以自我革命的深度拓展坚决打赢反腐败斗争攻坚战持久战。

（五）自我革命必须在创新体制机制中提高能力水平

我们党早在党的八届二中全会上就意识到，随着生产力发展带来的制

---

① 习近平. 高举中国特色社会主义伟大旗帜　为全面建设社会主义现代化强国而团结奋斗——在中国共产党第二十次全国代表大会上的报告 [M]. 北京：人民出版社，2022：13，69.

② 习近平. 高举中国特色社会主义伟大旗帜　为全面建设社会主义现代化强国而团结奋斗——在中国共产党第二十次全国代表大会上的报告 [M]. 北京：人民出版社，2022：66.

度革命，必将极大推动体制机制创新；而每一次体制机制创新又将反过来推动进一步的革命，继续解放和发展生产力。自我革命也是同样的机理。中国共产党通过自我革命，不断地推进体制机制的创新，不断地促进制度的成熟与定型。反过来，体制机制的创新又为中国共产党啃硬骨头、涉深水区，进一步自我革命提供了保障，从而也提高了自我革命的能力与水平。用制度管人、用制度管事。党的十八大以来，以习近平同志为核心的党中央高度重视党内法规制度建设，作出一系列重大决策部署，制定修订了《中国共产党廉洁自律准则》《关于新形势下党内政治生活的若干准则》《中国共产党党内监督条例》《中国共产党巡视工作条例》《中国共产党纪律处分条例》《中国共产党问责条例》《中国共产党中央委员会工作条例》等一批标志性、关键性、基础性的党内法规制度，形成了比较完善的党内法规体系。这一体系极大地提升了在推进国家治理体系和治理能力现代化方面的自我革命能力，提升了在统筹推进"五位一体"总体布局和协调推进"四个全面"战略布局中的自我革命能力，自我革命必须在创新体制机制中提高能力水平。

　　历史是过去与未来的对话。"赶考"的征程从历史中走来，考卷是幅员辽阔的神州大地，人民考官无处不在，考生仍需努力。中华民族在百年奋勇前行中，在中国共产党的坚强领导下，命运掌握在自己手上。今天，面对复杂的国际国内形势，踏上第二个百年奋斗目标的新征程，只要全党紧密团结在以习近平同志为核心的党中央周围，不忘初心，牢记使命，勇于自我革命，深化自我革命，我们就一定能够在进行具有许多新的历史特点的伟大斗争中不断实现党的自身建设和各项事业的新发展新超越，向着强党强国的目标奋勇前进。

结束语
成其身而天下成　治其身而天下治

历史上兴衰治乱、往复循环的周期性难题，被称为人类政治史上的"哥德巴赫猜想"。从找到"民主道路"，坚持"两个务必"，再到牢记"初心使命"、推进"自我革命"，提出"三个务必：全党同志务必不忘初心、牢记使命，务必谦虚谨慎、艰苦奋斗，务必敢于斗争、善于斗争"[①]。这是中国共产党从诞生伊始到今天一直深入思考和实践的重大时代课题。

中国共产党自1921年成立以来，始终把为中国人民谋幸福、为中华民族谋复兴、为世界谋大同作为自己的初心使命，始终坚持社会主义信念和共产主义理想，团结带领全国各族人民不懈奋斗，书写了中华民族几千年历史上最恢宏的史诗。这一开天辟地的大事变正如习近平总书记所强调的，"深刻改变了近代以后中华民族发展的方向和进程，深刻改变了中国人民和中华民族的前途和命运，深刻改变了世界发展的趋势和格局"[②]。

[①] 习近平. 高举中国特色社会主义伟大旗帜　为全面建设社会主义现代化强国而团结奋斗——在中国共产党第二十次全国代表大会上的报告 [M]. 北京：人民出版社，2022：1.
[②] 习近平. 在庆祝中国共产党成立95周年大会上的讲话 [N]. 人民日报，2016-07-02(02).

"党要管党，才能管好党；从严治党，才能治好党。"①作为百年大党，中国共产党的大党样子和强党气象不是从天上掉下来的，不是他人赐予的，而是科学遵循党的建设规律的自然体现。从南湖红船烟雨到井冈山星星之火，从西柏坡进京赶考到天安门庄严宣告，从"在南海边上画了个圈"到走向世界的"一带一路"，从矢志中华民族伟大复兴到孕画人类命运共同体伟大愿景，中国共产党坚守自我革命精神，坚毅前行、久久为功，浓墨重彩地书写了一个大党、强党的样子。

历史见证了党的十八大以来，以习近平同志为核心的党中央带领全党全国各族人民大气魄治党治国治军、大视野运筹国际国内大局、大手笔推动改革发展稳定，开辟了治国理政新境界，开创了党和国家事业发展新局面，谱写了坚持和发展中国特色社会主义新篇章。在这个过程中，以习近平同志为核心的党中央始终保持高度的战略清醒，"没有什么外力能够打倒我们，能够打倒我们的只有我们自己。前途命运都掌握在自己手上"②。党中央抓政治从严、抓思想从严、抓执纪从严、抓治吏从严、抓作风从严、抓制度从严、抓反腐从严，做到管党有方、治党有力、建党有效。党的团结统一更加巩固，党群关系明显改善，党在革命性锻造中更加坚强，焕发出新的强大生机活力，为党和国家事业发展提供了坚强政治保证。

2021年，立于中国共产党百年华诞的历史坐标，中共十九届六中全会审议通过了《中共中央关于党的百年奋斗重大成就和历史经验的决议》，

---

① 在全国组织工作会议上的讲话[M].十八大以来重要文献选编（上）.北京：中央文献出版社，2014：349-350.
② 习近平.党必须勇于自我革命[M].论坚持全面深化改革.北京：中央文献出版社，2018：327-328.

结束语

成其身而天下成 治其身而天下治

这一决议与前两个历史决议既一脉相承，又与时俱进，将中国共产党百年奋斗经验总结为"十个坚持"：坚持党的领导，坚持人民至上，坚持理论创新，坚持独立自主，坚持中国道路，坚持胸怀天下，坚持开拓创新，坚持敢于斗争，坚持统一战线，坚持自我革命。这"十个坚持"的智慧含量正如全会所指出的，"从党的百年奋斗中看清楚过去我们为什么能够成功、弄明白未来我们怎样才能继续成功，从而更加坚定、更加自觉地践行初心使命，在新时代更好坚持和发展中国特色社会主义"①。党的二十报告提出："我们要落实新时代党的建设总要求，健全全面从严治党体系，全面推进党的自我净化、自我完善、自我革新、自我提高，使我们党坚守初心使命，始终成为中国特色社会主义事业的坚强领导核心。"②

历史的画卷总是在继往开来中铺展，时代的华章总是在接续奋斗中书写。党的建设永远在路上，一刻不能松，半步不能退。回望过去、展望未来，今天我们比历史上任何时期都更接近、更有信心和能力实现中华民族伟大复兴的目标。同时，我们必须清醒认识到，行百里者半九十，中华民族伟大复兴绝不是轻轻松松、敲锣打鼓就能实现的，前进道路上仍然存在可以预料和难以预料的各种风险挑战。当前，世界之变、时代之变、历史之变正以前所未有的方式展开，特别是随着世界百年未有之大变局加速演进，我们将会在一个更加不稳定不确定的世界中谋求发展，国际环境更加严峻复杂，国内改革发展稳定任务更加艰巨繁重，各种风险考验也会越来越复杂，甚至会遇到难以想象的惊涛骇浪。对此，我们绝不能掉以轻心。

---

① 习近平. 更好把握和运用党的百年奋斗历史经验[J]. 求是，2021(13).
② 习近平. 高举中国特色社会主义伟大旗帜 为全面建设社会主义现代化强国而团结奋斗——在中国共产党第二十次全国代表大会上的报告[M]. 北京：人民出版社，2022：64.

强党之问
——怎样建设长期执政的马克思主义政党

中国共产党立志于中华民族千秋伟业，百年恰是风华正茂。踏上了第二个百年奋斗目标奋进的道路上，我们一定要牢记初心使命，增强忧患意识，始终保持赶考的清醒和坚定，以一往无前的奋斗姿态和风雨无阻的精神，以更大的决心和勇气抓好党的自身建设，跃过发展中的惊涛骇浪，引领承载着中国人民伟大梦想的航船破浪前进，胜利驶向民族复兴的光辉彼岸。

时代是出卷人，我们是答卷人，人民是阅卷人。"一切向前走，都不能忘记走过的路；走得再远、走到再辉煌的未来，也不能忘记走过的过去，不能忘记为什么出发。"[1] 让我们再次从春天启航，满怀信心、笃行不怠、砥砺奋发向世界大同出发！

---

[1] 习近平. 在庆祝中国共产党成立 95 周年大会上的讲话 [N]. 人民日报，2016-07-02(02).

后 记

关山万千重，山高人为峰。作为一个拥有9671.2万名党员的百年大党，党的建设意义重大、决定全局。本书以习近平新时代中国特色社会主义思想为指导，全面深入贯彻新思想新论断新举措，以"建设什么样的长期执政的马克思主义政党、怎样建设长期执政的马克思主义政党"为研究主题，以"九个坚持""六个必须"为逻辑主线，以世情国情党情为研究依据，从"历史回顾、现实挑战、对策分析"的综合视角进行了"时代是出卷人：建设什么样的长期执政的马克思主义执政党；坚持党中央集中统一领导；坚持党要管党、全面从严治党；以党的政治建设为统领；坚持严的主基调不动摇；发扬钉钉子精神加强作风建设；以零容忍态度惩治腐败；纠正一切损害群众利益的不正之风；抓住'关键少数''以上率下'；完善党和国家监督制度，形成监督合力；打好自我革命组合拳"十方面的分析。本书力图将党的十八大以来全面从严治党的恢宏气象和理论深度呈现出来，鲜明表达出中国共产党推进新时代党的建设新的伟大工程的崇高志向和远大追求。

本书是集体智慧的结晶。王英梅、周莹担任主编，尹世红、杨鸣、孙大乐担任副主编。书稿写作分工如下：王英梅（引言、第一章），尹世红（第二章、第三章），杨鸣（第四章、第六章），尹恩钟（第五章），张海峰、周焱堃（第七章），王英梅、孙大乐（第八章、第九章），周莹、许清哲（第十章、结束语）。由王英梅、周莹拟定提纲、统稿、修稿并最后审订全部书稿。

  本书在写作的过程中得到了相关领导的指导和支持，也受到了许多专家学者的关注，并引用了大量的文献和资料，但由于体例原因，并没有一一列出，在此一并致谢！

编 者